工业和信息化精品系列教材——轨道

U0626129

CHENGSHI GUIDAO JIAOTONG
GAILUN

城市轨道交通
概论

微课版

黄欣荣 阴法明 朱国巍 ◎ 主编
孙玥 王文宁 黄奕 渠惠青 刘洋 ◎ 副主编

人民邮电出版社

北京

图书在版编目（CIP）数据

城市轨道交通概论：微课版 / 黄欣荣，阴法明，朱
国巍主编. -- 北京：人民邮电出版社，2022.3
工业和信息化精品系列教材. 轨道交通
ISBN 978-7-115-56366-8

Ⅰ．①城… Ⅱ．①黄… ②阴… ③朱… Ⅲ．①城市铁
路－轨道交通－高等职业教育－教材 Ⅳ．①U239.5

中国版本图书馆CIP数据核字(2021)第066542号

内 容 提 要

　　本书系统地阐述了城市轨道交通的内容，全书共分为 8 个项目，内容包括：城市轨道交通概况、城市轨道交通规划设计与工程施工、城市轨道交通车站与车站设备、城市轨道交通车辆与设备、城市轨道交通供配电系统、城市轨道交通信号与通信系统、城市轨道交通运营管理和城市轨道交通环境控制系统与安全管理。每个项目后面都附有项目拓展、项目操作和项目考核。

　　本书可作为职业院校城市轨道交通通信信号技术专业和城市轨道交通运营管理专业相关课程的教材，也可作为城市轨道交通工作的从业人员或轨道交通爱好者的自学用书。

◆ 主　　编　黄欣荣　阴法明　朱国巍
　　副 主 编　孙　玥　王文宁　黄　奕　渠惠青　刘　洋
　　责任编辑　刘晓东
　　责任印制　王　郁　焦志炜

◆ 人民邮电出版社出版发行　　北京市丰台区成寿寺路 11 号
　　邮编　100164　　电子邮件　315@ptpress.com.cn
　　网址　https://www.ptpress.com.cn
　　三河市君旺印务有限公司印刷

◆ 开本：787×1092　1/16
　　印张：9.5　　　　　　　　　　　2022 年 3 月第 1 版
　　字数：236 千字　　　　　　　　2022 年 3 月河北第 1 次印刷

定价：39.80 元
读者服务热线：**(010)81055256**　印装质量热线：**(010)81055316**
反盗版热线：**(010)81055315**
广告经营许可证：京东市监广登字 20170147 号

当前中国城市轨道交通发展十分迅速。近期，城市轨道交通建设、运营管理领域急需各类人才，尤其是从事一线维护检修工作的初、中级人才缺口更大。为适应快速发展的形势，社会上各种各样的城市轨道交通培训教材相继出版，但这些教材的内容要么较难较深，要么大而求全、理论多于实践，不太适合用于初、中级人才的培训和培养，而本书就很好地解决了这些问题。

城市轨道交通是集线路、车辆、供电、通信信号、自动售检票、运营管理等专业工种于一体的综合系统，新工艺、新技术、新材料、新产品等四新知识在城市轨道交通各个专业得到了充分的运用。本书结合城市轨道交通专业人才培养方案和职业教育教材现状进行编写，涵盖了城市轨道交通的主要内容。为适应职业教育的需要，编者力求体现当代职业教育新理念；为紧跟城市轨道交通行业的发展，编者尽量使教材保持一定的知识与技术领先。本书正是结合了职业教育理念和城市轨道交通系统知识所编写的一本教材。

本书在搜集、总结的大量有关城市轨道交通行业发展相关资料的基础上，系统地介绍了城市轨道交通的内容。本书可供职业教育"城市轨道交通系统概论"课程使用，对从事城市轨道交通行业的人员和城市轨道交通爱好者而言也是一本不错的读物。希望本书能在培育城市轨道交通人才、营造城市轨道交通环境、发展城市轨道交通产业和塑造城市轨道交通品牌等方面起到一定的作用。

本书的参考学时为 32 学时，各学校可按照自身专业设置的具体情况灵活分配，建议采用理论实践一体化的教学模式，各项目的参考学时见下面的学时分配表。

学时分配表

项目	课程内容	学时
项目一	城市轨道交通概况	2
项目二	城市轨道交通规划设计与工程施工	4
项目三	城市轨道交通车站与车站设备	4
项目四	城市轨道交通车辆与设备	4
项目五	城市轨道交通供配电系统	4
项目六	城市轨道交通信号与通信系统	6
项目七	城市轨道交通运营管理	4
项目八	城市轨道交通环境控制系统与安全管理	4
学时总计		32

本书由南京信息职业技术学院的黄欣荣、阴法明、朱国巍担任主编，由南京信息职业技术学院的孙玥、王文宁、黄奕，南京地铁运营责任有限公司的渠惠青，南京思瑞特实业有限公司的刘洋担任副主编，由黄欣荣统稿。具体分工如下：项目一、项目二由黄欣荣编写，项目三由

黄欣荣、阴法明编写，项目四由黄欣荣、朱国巍编写，项目五由黄欣荣、黄奕编写，项目六由黄欣荣、王文宁编写，项目七由渠惠青编写，项目八由黄欣荣、孙玥编写。

　　本书在编写的过程中参阅了大量的文献、资料，在此向这些文献、资料的作者表示诚挚的感谢！

　　由于编者水平和经验有限，书中难免有欠妥之处，恳请读者批评指正。

编　者
2021 年 10 月

目 录

项目一
城市轨道交通概况

学习目标

- 能正确说出城市轨道交通的主要类型
- 能够陈述城市轨道交通的起源
- 能够阐述世界主要城市轨道交通的发展情况
- 能够阐述中国主要城市轨道交通的发展情况

思维导图

项目导学

自 20 世纪下半叶以来，世界各国的城市区域不断扩大，城市经济日益发展，城市人口的数量逐渐上升。由于城市流动人口以及汽车保有量的猛增，城市交通量急剧增长，而城市道路的相对有限性与汽车生产的相对无限性的尖锐矛盾迫使各国政府实施"公交优先"的战略——在大城市建设以轨道交通为骨干、道路公交为基础、出租车为补充的公共交通系统，因此在城市大力发展轨道交通势在必行。

城市轨道交通的
定义及主要类型

任务一　城市轨道交通的定义及主要类型

一、城市轨道交通的定义

广义上的城市轨道交通是指采用轨道进行承重和导向的车辆运输系统，设置全封闭或部分封闭的专用轨道线路，具有车辆线路、信号、车站、供电、控制中心和服务等设施，以列车或单车形式运送一定规模客流量的城市公共交通方式。城市轨道交通作为城市公共交通的重要组成部分，具有城市公共交通的特点。它区别于一般的城市道路交通，如公共汽车、出租车等，是另一种现代化的城市公共客运系统。

狭义上的城市轨道交通特指地铁、轻轨和单轨（独轨）等。

二、城市轨道交通的主要类型

城市轨道交通经过一个多世纪的发展，形成了多种多样的城市轨道交通类型：按照运量规模可以分为大运量、中运量和小运量三个等级，按照在空间上的分布位置又可分为地下、地面和高架三种形式，按照轮轨的材料可以分为钢轮钢轨、胶轮钢筋混凝土轨，按照导向方式可分为轮轨导向、导向轮导向等。

城市轨道交通的类型虽然根据不同的标准有不同的分类，但通常人们所说的城市轨道交通主要是按照其技术特征来分类的，主要有有轨电车系统、地铁交通系统、轻轨交通系统、单轨（独轨）交通系统、磁悬浮系统、自动导向交通系统和市域快速轨道交通系统等，尤其以地铁交通系统和轻轨交通系统为主。

（一）有轨电车系统

有轨电车已有 100 多年历史。1881 年的德国柏林工业博览会上展示了一列由三辆车编组的小功率有轨电车，该有轨电车只能乘坐 6 人，在 400 m 长的轨道上往返运行。这是世界上第一辆有轨电车，它给世人提供了富有创意的启示。

世界上第一个将有轨电车系统投入到商业运行的城市是美国弗吉尼亚州的里士满市（1888 年）。此后有轨电车系统发展迅速，到 20 世纪 20 年代，美国的有轨电车线总长达 25 000 km。到 20 世纪初，欧洲、日本、印度和中国的有轨电车有了很大发展（见图 1-1）。1899 年，中国第一条有轨电车在北京建成通车。1908 年，上海也建成了有轨电车（见图 1-2）。在随后一段时间里，中国的沈阳、哈尔滨、长春、鞍山等城市都相继修建了有轨电车，在当时中国城市的公共交通中发挥了重要作用。

图 1-1　1913 年法国的 24 路有轨电车

图 1-2　1908 年上海的有轨电车

旧式有轨电车行驶在城市道路中间，与其他车辆混合行驶，又受路口红绿灯的控制，因此运行速度很慢、正点率低、噪声大、加减速性能较差，但在当时，仍不失为居民出行的便捷交通工具。

随着汽车工业的迅速发展，私人小汽车数量急剧增长，大量的汽车涌上街头，城市道路面积明显不够用，导致世界上各大城市都纷纷拆除有轨电车线路。这阵风也波及了中国，到 20 世纪 50 年代末，中国一些大城市已把有轨电车线路拆除，仅剩下长春和大连两座城市的有轨电车线路没有完全拆除，并一直保留至今，继续承担着正常的公共客运任务。

汽车数量的过度增长使城市交通又出现了新的问题：交通堵塞、行车速度下降、空气和噪声污染严重、在闹市区甚至很难找到适当地方停车。20 世纪 60 年代初，西方一些人口密集的大城市除考虑修建地下铁道外，又重新把注意力转移到地面轨道交通方式上来。中国上海浦东于 2009 年底将法国劳尔公司开发的新型有轨电车投入运营（见图 1-3）。

图 1-3　2009 年上海浦东新型有轨电车

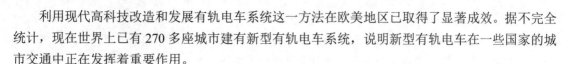

利用现代高科技改造和发展有轨电车系统这一方法在欧美地区已取得了显著成效。据不完全统计，现在世界上已有270多座城市建有新型有轨电车系统，说明新型有轨电车在一些国家的城市交通中正在发挥着重要作用。

（二）地铁交通系统

1. 概述

一般而言，通常所说的地铁是指大运量的、行驶在地下的钢轮钢轨系统，但这种说法也不是绝对的。由于地下隧道的造价比较昂贵，因此许多城市的地铁系统在城市外围区域或在适当的位置也采用地面或高架线路的形式。国际隧道协会对地铁的定义是：轴重相对较重，单方向高峰输送能力在3万人次/小时以上的城市轨道交通系统。

地铁交通系统在市区间提供客运服务，但有些线路也可延伸到市郊。它的车站间距较小，所有系统均为电力驱动，一般线路全封闭，能实现信号自动化控制，具有运量大、速度快、安全、准时、舒适、节约城市土地资源等特征，是发达国家主要城市公共交通中的骨干力量。地铁主要技术参数见表1-1。

表1-1   地铁主要技术参数

序号	项目	技术参数
1	高峰小时单向运送能力	30 000～70 000人次
2	列车编组	4～8节，最多11节
3	列车容量	3 000人
4	车辆构造速度	89～100 km/h
5	平均运行速度	30～40 km/h
6	车站平均间距	600～2 000 m
7	最大通过能力	30对/h
8	与地面交通隔离率	100%
9	安全性和可靠性	较好
10	最小曲线半径	300 m
11	最小竖曲线半径	3 000 m
12	舒适性	较好
13	城市景观	无大影响
14	空气污染、噪声污染	小
15	站台高度	一般为高站台，乘降方便

2. 适用范围

地铁之所以能在世界范围内得到广泛的发展，一个很重要的原因就在于它具备城市道路交通不可比拟的优势。第一，地铁是一种大容量的城市轨道交通系统，其单向高峰每小时运送能力可以达到30 000～70 000人次，而公共汽电车单向每小时运送能力只在8 000人次左右，远小于地铁，因此在客流密集的城市中心地带建设地铁可以明显疏散公交客流，分担绝大部分城市公共交通客流量；第二，地铁具有可信赖的准时性和速达性，地铁线路与道路交通隔绝，有自己的专用线路，不受气候、时间和其他交通工具的干扰，不会出现因交通阻塞而延误时间的情况，因此在保证准时到达目的地方面得到了乘客的信赖，对居民出行具有很大的吸引力；第三，由于地铁大多在地下或高架上，因此与其他交通方式无相互干扰，安全性高，在当今世界汽车泛滥、交通事故数量居高不下的情况下，地铁如果不发生意外或自然灾害，乘客的安全总可以得到保障，这也是地铁吸引人的地方之一；第四，地铁噪声小，污染少，对城市环境不会造成重大破坏。另一方面，在城市发展空间日益狭小的今天，地铁充分利用了地下空间，节约出地面宝贵的土地资源为人类所用，这在一定程度上也刺激了地铁的发展。

虽然地铁具有很多其他交通方式并不具备的优势，但其缺点也相当突出，这些缺点制约着地铁的进一步发展。首先，地铁的建设费用相当高，在日本，每千米地铁建设费用超过 13 亿元人民币，中国平均每千米地铁造价达 4 亿～5 亿元人民币，即使对于发达国家来说，大量建设地铁所需的建设费用也是难以承担的，地铁不仅建设费用比较高，而且建设周期长；其次，地铁一个致命的弱点是一旦发生火灾或其他自然灾害，乘客疏散比较困难，容易造成人员伤亡和财产损失，对社会造成不良影响。乘客选择交通方式时，主要考虑的是速达性、准时性、便利性、舒适性、安全性和经济性。专家的研究表明：人口超过 100 万的特大城市建设地铁是比较合适的，但如果在特定线路上，因城市的特殊交通需求，人口在 50 万～100 万的城市也可考虑建设地铁。当然，随着科学技术的发展，地铁车辆日益小型化、轻量化，建设费用不断降低，地铁的适用范围会不断扩展，为更多的城市所接受。图 1-4 所示为上海地铁 3 号线。

图 1-4　上海地铁 3 号线

（三）轻轨交通系统

1. 概述

1978 年 3 月，国际公共交通联合会（Union Internationale des Transports Publics，UITP）在比利时首都布鲁塞尔召开的会议上确定了新型有轨电车交通的统一名称，轻轨（Light Rail Transit，LRT）。它是在有轨电车的基础上发展起来的，由电气牵引，轮轨导向，是列车或车辆编组运行在专用行车道上的中运量城市轨道交通系统，输送客流能力介于地铁与有轨电车之间，单向高峰小时客运量为 15 000～30 000 人次，其运载在轨道上的负荷相对于市郊铁路和地铁更轻，因此称为轻轨（见图 1-5、图 1-6）。需要说明的是：在中国，根据《城市快速轨道交通工程项目建设标准》（试行本），用轻轨来命名中运量的地铁（包括地面和高架铁路），而欧洲所说的"轻轨"一般是特指现代有轨电车交通。为与欧洲的定义兼容，我们提出轻轨分为两类——准地铁与新型有轨电车。目前，无论是发达国家还是发展中国家，轻轨交通方兴未艾，因为轻轨交通的工程造价要比地铁少三分之二甚至更多，为许多经济实力并不太强的城市所接受，所以这种中运量的"客运走廊"受到人们的普遍欢迎。各国也纷纷根据自己的国情制订相应的轻轨交通发展战略和模式。

2. 轻轨交通在中国的前景展望

城市化进程的加速给中国大中城市带来了严重的交通问题，而经济基础薄弱又是制约交通建设的主要因素，选择经济合理而且符合中国人口众多这一国情的交通模式是当务之急。轻轨交通既避免了地铁的昂贵投资，又具有中运量的特点。因此，选择轻轨交通作为城市公共交通的主要发展目标是极为适当和势在必行的。中国的轻轨交通建设必须从国情出发，既要采用先进技术，向国际先进水平靠近，也要考虑实际，充分利用中国现有的技术条件和科技能力，走自力更生发展轻轨交通的道路。

图1-5 西班牙巴塞罗那轻轨

图1-6 东京轻轨12号线

（四）单轨（独轨）交通系统

1. 概述

单轨交通在国外称独轨交通，是指车辆在一根轨道上运行的一种轨道交通系统。单轨通常分为跨座式和悬挂式两种，跨座式是指车辆跨坐在轨道梁上行驶，如图1-7所示；悬挂式是指车辆悬挂在轨道梁下方行驶，如图1-8所示。

图1-7 重庆跨座式单轨交通

图1-8 悬挂式单轨交通

单轨交通历史悠久，早在1821年，英国人P. H. Palmer就开发了单轨铁路，并因此而获得发明专利。1888年，法国人在爱尔兰铺设了约15 km的跨座式单轨铁路，用蒸汽机车牵引，从此由动力的单轨走向实用化阶段，但因为车辆摇摆噪声大等原因，所以1924年这条线路停止运营。1893年，德国人Eugen Langen发明了悬挂式单轨车辆，并于1901年在伍珀塔尔开始运营，长度为13.3 km，其中10 km线路跨河架设，成为利用街道上空建设单轨铁路的先例。这条线路至今仍在使用，成为该市的一个历史景观，并在交通系统中发挥着重要的作用。第二次世界大战后，随着科学技术的进步，单轨铁路的技术逐渐成熟，轨道、车辆和通信信号设备都有了很大的发展，再加上单轨铁路可以利用公路和河流上方的空间，单轨技术受到一定的重视。1958年，在瑞典出生的德国工业家Axel Lennart Wenner-Gren研制出跨座式、混凝土轨道和橡胶充气轮胎的单轨交通制式，即目前所称的ALWEG型。后来，美国、日本、意大利等许多国家都建设了这种形式的单轨铁路。尽管单轨交通已经经历了一个多世纪的发展历程，但由于单轨铁路的导向、稳定及转辙装置等关键技术问题尚未完全解决，而且单轨交通的运输能力又与有轨电车不相上下，技术要求却高得多，因此在世界范围内并没有得到广泛的应用。

2．单轨交通的优点和缺点

单轨交通与轻轨交通相比，其优点主要表现在以下几方面。

（1）占用土地少。高架单轨不需要很大空间，每根支柱直径仅为 1～1.5 m，双线轨道梁的线路断面总宽度为 5～7 m，与其他高架轻轨系统相比是最窄的。

（2）运量较大。国外单轨列车一般由 4～6 辆列车组成，列车运输能力每小时为 5 000～20 000 人次。

（3）能适应复杂地形要求。单轨列车使用的是橡胶轮胎，可以适应复杂地形的要求，适宜在狭窄街道的上空穿行，可减少拆迁，降低造价。

（4）建设工期短，造价低。高架单轨结构简单，易于建造，因此工期较短，造价较低，一般为地铁的 1/3。

（5）能确保安全。由于车辆与轨道的特殊结构，因此单轨列车在轨道两侧均有起稳定作用的导向轮，能确保运行安全。

（6）噪声与振动均低，且无排气污染等问题。由于采用的是橡胶轮胎，因此振动和噪声小。此外，电力驱动也不存在排气污染环境的问题。

（7）对日照和城市景观影响小。由于高架单轨占用空间少，因此沿线不会投下很大的遮光阴影，并且对城市景观还能起到一定的点缀作用。

单轨交通的缺点有两个方面：一是它的运量在实践中还没有达到过计算运量，所以单轨车辆的最大运量问题尚需进一步论证；二是中国还没有研制这种类型车辆的经验，而引进车辆的价格每辆高达 1 100 万元人民币。国外研究表明，在人口不少于 100 万的城市建设单轨交通是比较合理的，但人口不足 100 万的城市如德国伍珀塔尔也有单轨交通线路，如图 1-9 所示，而且运营良好。因此，各城市应结合自己的实际情况，对地铁交通、轻轨交通、单轨交通进行充分细致的技术经济比较，最终选择经济、合理、高效的轨道交通方式。

（五）磁悬浮系统

磁悬浮列车是依靠磁悬浮技术将列车悬浮起来并利用直线电机驱动列车行驶的交通工具，它分为常速、中速、高速和超高速等几种形式。城市轨道交通主要是利用中低速磁悬浮，一般运行距离较短，如上海磁悬浮列车，如图 1-10 所示。

上海磁悬浮列车是在德国的 TR08 列车的基础上发展起来的，基本技术规格与 TR08 一样，在运行速度、舒适性、能耗、环境、安全性和运行维护等方面具有铁路车辆和飞机无可比拟的优势。

上海磁悬浮列车由两节首尾车及一节中间车编组成列，单节车不能正常运行。车辆分为上部车体、夹层结构和下部车体。磁悬浮列车没有传统的轮轨系统，列车和轨道的作用被一个无接触的悬浮、导向和驱动电磁系统取代。列车受电磁吸力而悬浮，导向系统则保持列车在预定的轨迹中行驶，利用长定子同步直流电机的工作原理，使列车在走移磁场的作用下同步而无接触地被牵引和制动，从而取消了受电弓。由于电磁系统将支撑、导向和牵引力作为面荷载作用于线路上，因此列车与轨道无直接接触，运行速度高达 430 km/h。列车受 OCS 系统直接控制，可实现无人驾驶。

城际交通间的磁悬浮列车一般运距较长，主要利用高速磁悬浮，实现两大城市之间的快速客运。

图 1-9 德国伍珀塔尔悬挂式单轨交通

图 1-10 上海磁悬浮列车

（六）自动导向交通系统

自动导向交通系统（Automated Guideway Transit，AGT），一般泛指以无人驾驶的车厢在专用路权及自动化控制条件下运行的新型运输系统。这种系统在美国早期被称为"水平电梯"（Horizontal Elevators）、"空中巴士"（Sky Bus）或"捷运快道"（Transit Express），近年来则统称为"运人系统"（People Mover System）。法国与日本将 AGT 技术进一步发展并应用于城市地区的中量大众运输，在法国称为 Vehicule Automatique Leger，简称 VAL；日本则以"新交通系统"统称 AGT 技术类型的中运量捷运系统。上海外滩的人行过江隧道从定义来看也属于 AGT 范畴。

自动导向交通系统是一种车辆采用橡胶轮胎在专用轨道上运行的中运量轨道运输系统，其列车沿着特制的导向装置行驶，车辆运行和车站管理采用计算机控制，可实现全自动化和无人驾驶技术。线路形态在市区采用地下隧道，在郊外采用高架架构，占地面积小，自动化程度高，是一种既节省人力又节省费用的有轨快速客运系统。自动导向交通系统适用于城市机场专用线或城市中客流相对集中的点对点运送乘客，必要时，中间可设少量停车站。自动导向交通系统的车辆比地铁和轻轨系统的车辆小，一般列车编组 2～6 节，适用于单向 10 000 人次/h 客运量，属于中运量的城市轨道交通系统。目前，世界上运营的自动导向交通系统线路有 20 多条，总长超过 200 km。日本神户自动导向交通车辆如图 1-11 所示。

图 1-11 日本神户自动导向交通车辆

（七）市域快速轨道交通系统

市域快速轨道交通系统是一种适用于城市群之间的中程距离客运交通的轨道运输系统，日单向客运量可达 50 万～80 万人次（一般不采用高峰小时客运量的概念）。根据线路、车辆使用范围和条件的不同，可采用不同类型的车辆，在城市市郊或城市之间的地面或高架桥上运行，必要时也可在隧道中运行。由于站距往往可达 5～10 km，甚至有时在城市至城市的中间可以不设站，因此可选用铁路动车组或运行速度在 120 km/h 以上的特种车辆，平均速度可达 50 km/h 以上。其动力也可因地制宜，可选用电气化铁路 AC 25 kV 的供电方式，也可采用 DC 1 500 V 的供电方式，必要时也可选用内燃动车组，如上海市金山铁路。市域快速轨道交通动车组如图 1-12 所示。

图1-12 市域快速轨道交通动车组

任务二 世界主要城市的轨道交通

一、世界主要城市轨道交通的发展历史

世界主要城市的
轨道交通

城市轨道交通的诞生和发展已有100多年历史，经历了一个曲折的过程，大致可分为以下几个阶段。

1. 初始发展阶段（1863—1924年）

1860年，英国伦敦开始修建地铁，于1863年1月10日建成通车，用蒸汽机牵引，这是世界上第一条地铁线路。

1874年，英国伦敦又首次采用盾构法施工，于1890年12月18日修建成另一条地铁线路，并首次采用电力机车牵引。在19世纪的最后10年及20世纪初，世界上有许多城市修建了地铁，如芝加哥、费城、波士顿、巴黎、柏林、纽约、马德里等。这一阶段欧美的城市轨道交通发展较快。

2. 停滞萎缩阶段（1925—1949年）

众所周知，这一时期发生了第二次世界大战，造成了这一阶段城市轨道交通发展的停滞和萎缩。另外，汽车工业的发展也是一个因素，汽车具有灵活、便捷和可达性强等特点，汽车工业在这一时期得到了飞速发展。而城市轨道交通因投资大、建设周期长和运营成本高等特点一度失宠。不过在这一阶段，还是有一些城市修建了地铁，如东京、莫斯科、大阪等。

3. 重新发展阶段（1950—1969年）

汽车的过度增加，使城市道路交通堵塞、行车速度下降，严重时还会导致交通瘫痪，加上汽车有污染空气、噪声严重、大量耗费石油资源和停车难等缺点，人们重新认识到解决城市客运交通必须依靠电力驱动的城市轨道交通。这一阶段世界上又有许多国家的城市修建了地铁，如北京等。

4. 高速发展阶段（1970年至今）

世界各国城市化的趋势导致人口高度集中，这就要求城市轨道交通高速发展以适应日益增加的客流运输需求，科学技术的进步也为城市轨道交通奠定了良好的发展基础。另外，城市轨道交通本身具有的大运量、高效率、节约城市土地资源等特点也为其高速发展创造了条件。这一阶段，城市轨道交通的发展遍及世界范围，从发达国家扩展到发展中国家。第二次世界大战后中等发达国家和发展中国家的地下铁道建设进程见表 1-2。

表 1-2　　　　第二次世界大战后中等发达国家和发展中国家的地下铁道建设进程

时间	城市数目/个	建成里程/km
1950—1960 年	10	455.7
1961—1970 年	10	799.0
1971—1980 年	29	834.8
1981—1990 年	29	978.3
1991—1999 年	95	1195.3
总计	95	4263.1

二、世界主要城市的轨道交通简介

1. 伦敦地铁简介

伦敦是地铁的发源地，被称为"建在地铁上的都市"。第一条地铁于 1863 年 1 月 10 日建成通车，至今已经历了 150 多年的风风雨雨。地铁车辆在伦敦市中心时在地下运行，而在郊区时则在地面运行，其中地面运行线路占 55%。伦敦地铁在英语中常被称为管子（The Tube），名称来源于车辆在像管道一样的圆形隧道里行驶。

2020 年伦敦已建成总长约 439 km 的地铁网，其中 160 km 在地下，共有 12 条路线、275 个运作中的车站，平均每日载客量高达 267 万人。伦敦地铁如图 1-13 所示。

2. 纽约地铁简介

纽约地铁（New York City Subway，NYCS）诞生于 1904 年，是美国纽约市的快速大众交通系统，也是全球范围内非常错综复杂且历史悠久的公共地下铁路系统，2020 年已发展为由 27 条线路组成的地铁网。其全长约 443 km，共有 504 个车站，日运送乘客达 490 万人次，年客运量 15 亿人次。纽约地铁运量占公交系统运量的 70%左右，它具有简便实用的特点，即使是一些换乘站，结构也极为简单，方便实用，上几层台阶便可换乘相互连线的线路。纽约地铁如图 1-14 所示。

图 1-13　伦敦地铁

图 1-14　纽约地铁

3. 东京地铁简介

东京是全日本乃至全亚洲最早开通地下铁路线的城市，现银座线上野站—浅草站段于 1927 年 12 月通车。日本 2020 年共有 13 条路线（东京地铁共 9 条线路、都营地铁共 4 条线路）、285 个车站（东京地铁共 179 个、都营地铁共 106 个，其中不同路线共用的车站重复计算），路线总长约 304.1 km（东京地铁约 195.1 km、都营地铁约 109 km，不含与私营铁路直通运转的路段），每日平均运量将近 800 万人次，年运送乘客 28 亿人次，发达程度居世界前五名。

东京地铁车站以多样化著称，有岛式、侧式、双岛式、一岛一侧式、上下式等多种形式，车站出入口的布局与地面建筑物协调一致，融为一体。有的车站设在大银行、大公司、影剧院、百货商场等的门口或里面，有的车站设在方便乘客乘坐的交通路口等。东京地铁如图 1-15 所示。

4. 巴黎地铁简介

巴黎地铁于 1900 年开通，总长度约 221.6 km，年运送乘客 9.76 亿人次，市区内所有建筑距离地铁最远 500 m，是法国巴黎的地下捷运系统，2020 年有 14 条主线、2 条支线，合计 380 个车站、87 个交会站。巴黎地铁路网拓展大致分为 3 个阶段：1900—1929 年，修筑路线以巴黎核心路网为主；1930—1959 年，路线扩展至近郊；1960—1990 年，以建设区域快铁（RER）的路网为主，整体路网于 1990 年年末完工。巴黎地铁如图 1-16 所示。

图 1-15　东京地铁

图 1-16　巴黎地铁

5. 莫斯科地铁简介

莫斯科地铁是世界上使用率最高的地下轨道系统之一。其中不少车站在建设的时候融入了卓越的设计风格，使得莫斯科地铁富丽堂皇的程度也是世界上首屈一指的。莫斯科地铁总长度约 287 km，年运送乘客 33 亿人次，地铁车速为全世界最快，时速达 120 km。莫斯科地铁如图 1-17 所示。

图 1-17　莫斯科地铁

6. 其他城市地铁简介

韩国首尔轨道交通系统是世界载客量前 5 的铁路系统，其服务范围为韩国首都首尔特别市，每天载客量可达 400 万人次，服务首尔和周边京畿道的首都圈。首都圈地铁以首尔的 8 条地下铁路为主，并辅以国铁的盆唐线及仁川地铁的两条路线，2020 年共 11 条路线。整个铁路系统中，国铁运营路段以外的地铁路线，其总长度约 278 km，日运送乘客 800 万人次，首尔地铁如图 1-18 所示。

马德里地铁是西班牙首都马德里的地下铁路系统，于 1919 年 10 月 17 日由当时国王阿方素十三世开幕。2020 年共有 281 个车站，其中 27 个为两线转乘站，12 个为 3 线转乘站，1 个（美洲大道站）是 4 线转乘站。整个地铁网络包括 12 条主线及 1 条支线，合计长度约 281.58 km，有 3 站提供同线转乘以前往其他地区，有 21 站提供与马德里近郊线的转乘。马德里地铁如图 1-19 所示。

图 1-18 首尔地铁　　　　　　　　　　　　　　图 1-19 马德里地铁

　　加拿大蒙特利尔地铁是蒙特利尔市、朗基尔市和拉华尔市的城市轨道交通系统，由蒙特利尔交通局管理。蒙特利尔地铁是世界上少数使用胶轮路轨系统的重铁系统，其技术来自法国巴黎地铁的 MP-59 列车，是世界范围内非常繁忙的地铁系统之一。蒙特利尔地铁如图 1-20 所示。

　　巴西圣保罗市人口约为 1 200 万，是世界级大都市之一。圣保罗市地铁 1 号线、2 号线、3 号线和 5 号线全长 61.3 km，共有车站 55 个，日均载客量为 330 万人次；7 号线、8 号线、9 号线、10 号线、11 号线、12 号线（全部由 CPTM 公司运作）全长约 260.8 km，共有车站 93 个。这两个系统由圣保罗州政府的一家公司管理，乘客可以在这两个系统之间进行换乘，这两个系统被称为世界上最清洁的地铁系统。圣保罗地铁如图 1-21 所示。

图 1-20 蒙特利尔地铁　　　　　　　　　　　　图 1-21 圣保罗地铁

任务三　中国主要城市的轨道交通

一、中国城市轨道交通的发展历史

　　在中国，自 1956 年北京建造地铁以来，中国各城市的地铁企业已经探索了 60 多年。从 1969 年 10 月 1 日中国北京第一条地铁建成通车开始发展至今，大致经历了以下 4 个阶段。

中国主要城市的
轨道交通

1. 起始阶段（20 世纪 60 ~ 80 年代）

该阶段以 1965 年开始建设、1969 年 10 月 1 日建成通车的北京地铁（北京站—苹果园站，全长 23.6 km），1970 年开始建设、1984 年建成通车的天津地铁（全长 7.4 km）为代表。

这一阶段地铁的规划与建设，除实现城市的客运功能外，更重要的是考虑满足人防战备的需要。

2. 开始建设阶段（20 世纪 90 年代）

这一阶段以北京地铁，天津地铁、上海地铁、广州地铁的建成为标志。在这一阶段，随着改革开放和经济体制改革的逐步深入，城市交通需求剧增，导致道路交通供给能力严重不足，交通供需矛盾突出，这成为城市社会经济发展的一个重要制约因素。为适应城市发展的需要、缓解城市交通紧张状况，我国加大了对城市交通基础设施的投入，强调了轨道交通对解决城市交通问题和引导城市发展的作用。从此，发展大容量轨道交通方式的理念开始显现，中国开始了城市轨道交通的建设高潮阶段。

3. 建设高潮阶段（20 世纪末至 21 世纪初）

随着中国经济的发展和城市化进程的加快，中国城市的规模不断扩大、人口不断增加，城市交通问题更加突出。城市交通问题的解决必须依赖公共交通的发展，大城市及特大城市还须建设一个以轨道交通系统为骨干、以公共交通为主体、多种交通方式相互协调的综合交通系统。同时，经济的快速发展也为发展城市轨道交通奠定了雄厚的物质基础。20 世纪末至 21 世纪初，中国城市轨道交通进入快速发展的建设高潮阶段。

在这一阶段，城市轨道交通的建设具有以下特点。

（1）兴建城市轨道交通的城市迅速增多

截至 2019 年 12 月，全国已开通城市轨道交通的城市有北京、上海、天津、广州、长春、大连、重庆、武汉、深圳、南京、沈阳、成都、西安、苏州、杭州、昆明和佛山等共 40 多个城市，166 条线路，运营线路总长达到 6 882.1 km。除上述 40 多个开通了轨道交通的城市外，已开工建设的还有南通、济宁等城市。

（2）城市轨道交通的网络化

目前，中国部分城市的轨道交通建设呈现网络化的发展。无论是北京还是上海、天津、广州等城市，均在建和筹建多条城市轨道交通线路，将形成纵横交错、相互沟通连接的网络交通体系。

（3）城市轨道交通类型的多元化

目前，中国的城市轨道交通已不再是单一的地铁交通。北京建成了市郊城市铁路交通，天津建成了滨海快速轨道交通，大连、长春、武汉建成了轻轨交通，重庆建成了跨座式单轨交通，上海开通了常导高速磁悬浮交通，广州出现了直线电机驱动的列车。轨道交通类型呈多元化发展。

（4）城市轨道交通的现代化

随着城市轨道交通建设的发展，中国以车辆为代表的技术体系也实现了现代化。中国通过国际间技术交流合作，引进先进技术，实现了设计制造技术的现代化，在提升技术水平的同时，也加快了国产化的进程。

4. 蓬勃发展阶段

《国家中长期科学和技术发展规划纲要（2006—2020 年）》明确提出构建以城市轨道交通为骨架的城市公共综合交通体系，中国城市轨道交通建设在"十一五"期间迎来真正的建设高潮。

国家"十一五"规划提出轨道交通"超前规划、适时建设"，有条件的大城市和城市群地区要把轨道交通作为优先发展领域。在国家政策的指导下，特别是在面对全球金融危机，国家投巨资拉动内需、加强基础设施建设的经济方针指导下，此后一段时间是中国城市轨道交通的快速发展时期，其建设规模世界罕有。"十一五"期间轨道交通的建设速度远远超过过去10年的建设历程。

随着中国经济社会的不断发展和进步，中国城市轨道交通将会快速发展。在肯定中国轨道交通长足发展的同时也应清醒地看到，中国轨道交通的发展目前仍存在一些问题。主要表现在四个方面：一是城市轨道交通规模小、财务效益差，对经济社会发展的"瓶颈"制约仍较严重，高峰期运输紧张问题突出，路网规模总量、结构仍然有待提高和改善；二是在城市交通问题日益尖锐、大城市交通拥堵、路网结构不够合理的状况下，大城市快速、大容量的轨道交通方式发展仍较缓慢；三是城市群快速发展，城际旅游流量不断增加，城际交通运输能力越来越不适应，城际大容量、高效、低污染和节省资源的轨道交通建设滞后；四是国产化率偏低，有待提高。

为实现中国轨道交通的可持续发展，2003年，国务院办公厅出台了《关于加强城市快速轨道交通建设管理的通知》（国办发〔2003〕81号），对城市轨道交通的建设进行严格的控制管理。根据通知的要求，人口规模、交通需求和经济水平将是衡量一个城市能否建设轨道交通的三大基本要素，缺一不可。城市轨道交通的建设应坚持"量力而行、规范管理、稳步发展"的方针。

二、中国主要城市的轨道交通简介

1. 北京城市轨道交通简介

北京地铁是服务于北京市的城市轨道交通系统。截至2018年12月31日，北京地铁共有23条运营线路，拥有405个运营车站（换乘车站重复计算，不重复计算则为343个）、运营线路总长约699.3 km的轨道交通系统。

北京地铁的规划始于1953年，工程始建于1965年，最初试运营于1969年10月1日。目前，北京地铁由一家国有企业——北京市地铁运营有限公司、一家公私合营企业——北京京港地铁有限公司分别运营不同线路。

目前，北京地铁是中国最繁忙的城市轨道交通系统之一。2017年，北京地铁工作日日均客运量达到1 241.1万人次。2018年，北京地铁年乘客量达到45.3亿人次，居全球第一。2019年4月29日，北京地铁创下单日客运量最高值，达到1 327.46万人次。北京地铁如图1-22所示。

2. 天津城市轨道交通简介

天津地铁始建于1970年4月，1984年建成通车，全长7.4 km，共8个车站。天津第一条轻轨称为津滨轻轨，于2003年底建成，从中山门到滨海新区，全长45.409 km，共设19个车站。天津地铁1号线从刘园到双林，设车站22个，全长26.18 km；2号线从曹庄到李明庄，全长22.5 km，设车站20个；3号线从华苑工业园到北辰区小淀，全长28.4 km，设车站22个。天津地铁如图1-23所示。

图1-22　北京地铁

图1-23　天津地铁

3. 上海城市轨道交通

1990年1月19日，国务院批准上海地铁1号线开工建设。1993年5月28日，上海地铁第一条线路1号线南段（徐家汇—锦江乐园）建成试通车。经过20余年的建设，截至2018年12月，上海轨道交通共开通线路，全网运营线路总长约705 km，车站415个（不含上海磁悬浮示范运营线，3、4号线共线段9个车站的运营路程不重复计算，多线换乘车站分别计数），并有5条线路延伸规划、4条线路新建计划。目前，上海地铁工作日日均客流量达1 065.3万人次。2019年3月8日，上海地铁全路网单日客流量达到1 329.4万人次，为历史最高。上海地铁如图1-24所示。

4. 广州城市轨道交通简介

广州地铁是中国广东省广州市的城市轨道交通系统，首段于1997年6月28日正式开通。截至2019年12月28日，广州地铁共有14条营运路线（1～9号线、13号线、14号线、21号线、广佛线及APM线），总长约513 km，共271个车站，开通里程居全国第三。此外，广州地铁还是城际地铁线路广佛地铁的建造者及运营商，因此广州地铁的服务范围亦延伸至佛山市。广州地铁已经成为广州市民最主要的交通工具之一。2019年5月1日，广州地铁单日客流量纪录达到1 156.9万人次，目前日均客流量达905.75万人次，客流强度全国第一。为更好地解决地面交通堵塞的问题，广州地铁仍在进行大规模的扩建工程，正在建设的线路包括6号线、7号线、广佛线后通段。经过数次修订，广州地铁的远期规划长度将达到800 km。广州地铁如图1-25所示。

图1-24　上海地铁

图1-25　广州地铁

5. 其他城市轨道交通简介

深圳地铁是中国广东省深圳市的城市地铁系统，始建于 1999 年，于 2004 年 12 月 28 日正式通车。随着深圳地铁的开通，深圳成为中国继北京、香港、天津、上海、台北及广州后第七个拥有地铁系统的城市。目前，深圳地铁总里程约 303.4 km。

台北市于 1986 年提出建设地铁规划，地铁线网由文湖线、淡水线、中和新芦线、新店线暨小南门线及板南线组成，服务范围涵盖台北市、新北市、桃园县，现今已经成为台北都会区的交通骨干，其路线长度约 136.7 km，营运车站共 117 个，每日平均旅客量约 320 余万人次。台北捷运也是国际地铁联盟（Community of Metros，CoMET）的成员之一。

除此之外，中国还有南京、重庆、武汉、大连、杭州、长春、西安、成都、青岛、哈尔滨和苏州等多个城市已拥有地铁（见图 1-26～图 1-28）。

图 1-26　南京地铁

图 1-27　武汉地铁

图 1-28　大连地铁

在寸土寸金的大都市里，地铁已经成为占用土地和空间最少、运输能量最大、运行速度最快、环境污染最小、乘客最安全舒适的理想交通方式，因此被越来越多的国际大都市选用。60 多年来，中国的地铁建设取得了相当不错的成绩，在缓解城市交通压力方面发挥了巨大的作用。

项目拓展

中国地铁 40 年图谱

1978—2017 年，中国开通地铁的城市从 2 个到 35 个，线路从 2 条到 161 条（见图 1-29）。

图 1-29　中国地铁 40 年图谱

项目操作

以你的家乡所在的城市为例，调研相关数据，看其是否符合建设城市轨道交通的条件。

项目考核

1．广义的城市轨道交通的概念。

2．城市轨道交通按照技术特征来分主要有哪些类型？

3．世界主要城市轨道交通的发展历史有哪几个阶段？

4．中国主要城市轨道交通的发展历史有哪几个阶段？

项目二
城市轨道交通规划设计与工程施工

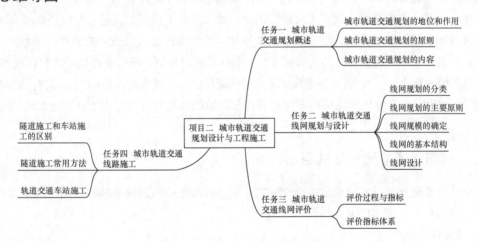
项目导学

在进行城市交通线网规划时，除了道路规划外，必须优先规划城市的公共交通。而在城市公共交通系统里，轨道交通因其运量大、效率高、乘坐方便等优势，更是规划的重点。

任务一　城市轨道交通规划概述

随着中国经济的快速发展和城市化进程的不断加快，城市交通需求迅速扩大。如何满足这种日益增长的城市交通需求和优化城市空间结构是中国各大城市所关注的问题。城市轨道交通系统的规划建设是建立可持续发展交通系统的关键。城市轨道交通对调整城市布局和土地利用形态、调整城市交通结构、缓解交通拥挤、减少环境污染和能源消耗均具有决定性作用。近几年，

城市轨道交通
规划概述

中国城市轨道交通建设已经进入了快速发展期。城市轨道交通建设投资巨大、建设工期长、影响深远。因此，做好城市轨道交通规划和保证轨道交通建设的科学性、合理性和可行性具有十分重要的意义。

一、城市轨道交通规划的地位和作用

城市轨道交通作为一种有轨交通方式，从属于交通范畴。其规划也是依托于交通规划的原型，在发展过程中逐渐形成自己的特点与规律。城市轨道交通的规划以地下、地面和高架相结合的方式进行建设。1956年，中国上海开始编制城市轨道交通规划，距今也有60多年历史。

"规划"是研究如何从全面和长远的角度确定发展目标，并对现有资源进行优化配置，从而达到目标的理论和方法。

城市轨道交通规划是城市交通规划的一个分支。城市轨道交通规划是在城市交通规划的基础上科学分析客流发展趋势和不同交通方式在未来城市中的发展趋势，同时结合城市的自然地理条件，合理规划线网，确定轨道交通发展规模并制定相应的实施对策以及交通政策，为城市轨道交通的发展设计蓝图。

对于一个现代化大城市来说，没有城市轨道交通是不可想象的。城市轨道交通规划已成为新的城市交通规划中的重要环节。一个科学、合理、完善的轨道交通网是城市客运交通的发展方向，轨道交通网不仅是城市交通网中的骨干线路网，还是对城市发展起到决定性的引导激发作用的机构网。

城市轨道交通系统是一种投资水平高、技术要求高、施工难度高的"三高"系统。建设已属不易，建成后的改造调整更是近乎不可能。因此，城市轨道交通规划又是一项既需顾及多种相关因素、又需顾及城市发展趋势、带有极强的空间相关性和时间延缓性效应的高难度规划。

由此而言，城市轨道交通规划既有整体性（服从于城市规划、城市交通规划的整体要求），又有独立性（相对独立体系）；既有超前性（建设时间跨度大、对城市发展影响大），又有调整性（在逐步完成的过程中，在导向与适应两方面均有内部调整的必要与可能）。因此，城市轨道交通规划既要科学，又要大胆，更要谨慎。

二、城市轨道交通规划的原则

城市轨道交通规划是建设城市轨道交通的蓝图，对城市交通的发展具有导向作用。因此，城市轨道交通的规划应遵循以下原则。

1. 可持续发展原则

城市可持续发展应重视公共交通，公共交通首选轨道交通。城市轨道交通规划作为未来城市轨道交通发展方向的指南针，必须符合可持续发展的原则，用最少的自然资源作代价来换取最大的社会效益。

2. 协同性原则

城市交通规划必须与城市社会经济发展规划相适应，城市轨道交通也不例外，应与社会经济协同发展。与此同时，城市轨道交通规划还应与国家的路线、方针、政策，尤其是城市发展方针、目标相一致；与城市总体规划、土地利用规划、产业布局规划相一致，并且应该结合地方特色，统筹兼顾；还应注重保护历史文物、城市传统风貌和自然景观等。

3. 整体性原则

城市轨道交通规划是城市交通规划这个大系统的子系统。城市交通系统最优化就是要求各种运输方式的合理配置、协调发展，最终达到满足城市居民出行的需求。因此，应将城市交通系统作为一个整体，在城市总体交通规划的基础上，结合各种交通运输方式的发展规划，进行城市轨道交通的规划。

4. 动态性原则

城市的发展是动态的，城市交通的发展也是动态的。随着世界范围内城市化进程的加快，各种现代化交通工具伴随着社会的经济发展和科技进步应运而生，从而拓宽了城市交通的发展空间。动态的发展需要动态的规划来适应，一成不变的静态交通规划是不符合可持续发展规律的，也不能适应现代化城市发展的需要。

5. 客观性原则

规划必须客观，要采用科学的理论和方法来指导规划工作。城市轨道交通规划应反映客观事实，提出未来城市的交通模式和发展方向，从而为城市决策者提供真实可靠的决策依据。

6. 可操作性原则

规划的目的是实施。城市轨道交通规划既要满足社会经济发展的需要，又要受建设能力的制约，规划者应在二者之间寻求一个平衡点，以保证规划是在最大可能实现的前提下对需求的适应。

7. 经济性原则

轨道交通建设投资巨大，这在一定程度上要求政府投入大量的人力、物力和财力来建设轨道交通。因此，城市轨道交通规划应本着经济、节约的原则，最大限度地挖掘交通潜力，有步骤、有目的地在财力允许的基础上逐步建设轨道交通网络，而不能不顾经济实力地盲目发展。

三、城市轨道交通规划的内容

规划的核心内容是确定目标。城市轨道交通规划的目标在于建立合理的轨道交通网络，使之对现有城市结构的不利影响减至最小，对未来城市可持续发展有利，能够最大限度地运送来往客流，满足市民出行需求。城市轨道交通规划流程如图 2-1 所示，具体规划内容如下。

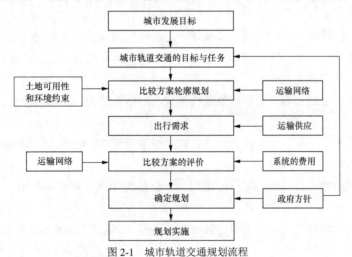

图 2-1　城市轨道交通规划流程

1. 社会经济调查

社会经济调查的目的是针对交通规划的需求，对指定范围的社会经济状况进行全面的了解，详尽收集资料，然后分析和整理资料以供规划时使用。按规划阶段的不同，可分为综合经济调查和个别经济调查。

（1）综合经济调查。是对一个城市乃至整个区域的社会经济现状和发展远景进行的全面调查，主要任务是搜集编制交通网所需的全部资料。

（2）个别经济调查。是按某一工程项目需要所进行的调查，主要任务是为规划线路设计确定位置、标准、施工程序以及为经济评价提供依据。

社会经济调查的步骤一般为准备调查、实施调查、资料分析三个阶段。

2. 土地使用规划

城市轨道交通的设施是建立在土地的基础上，土地使用规划的目的是合理有效地使用有限的土地。由于城市轨道交通规划是解决城市活动中市民流动的规划，因此必须与土地使用规划协调运作，才能在保证土地合理使用的前提下构建轨道交通网络。

3. 出行需求的分析与客流预测

城市轨道交通规划中出行需求的分析与客流预测通常采用国际通行的"四阶段法"，建立出行生成模型、出行吸引模型、出行分布模型和出行分配模型，并进行分析和客流预测。"四阶段法"的具体内容可参考相关资料。

客流预测是确定城市轨道交通网络规模、交通方式选择及线路运输能力、车站规模、设备能力、运营组织、经济效益评价的重要依据。在规划路网时，先要根据居民出行调查及城市道路网等资料初拟路网规划图，然后预测路网客流量以证明路网设计的合理性，若发现不当之处，要重新调整路网规划，并重做客流预测，多次反复，直到满意为止。

客流预测是一门新兴的学科，城市总体客流预测方法已逐步趋于成熟，而对轨道交通线路的客流预测尚处于探索研究阶段。

客流预测在城市轨道交通规划中十分必要。首先，客流预测是进行轨道交通项目宏观、微观投资决策的依据；其次，客流预测是轨道交通项目可行性研究和项目评估的基础。

4. 轨道交通系统的规划

轨道交通系统的规划有线路规划、站点设置、环境保护等方面的内容，具体介绍如下。

（1）线路规划

城市轨道交通的线路规划应能满足未来城市发展对交通设施的需求。各城市因自然地理环境、居民出行习惯的差异，轨道交通线路的规划应有所不同，但在充分利用自然条件、最大限度发挥轨道交通的能力方面应该是相同的。

轨道交通系统的线路规划应采用网络结构形式，即路网结构。其基本模式有放射形线路、环状线路及二者相结合的线路。

线路规划还应考虑能与其他公共交通方式以及城市间铁路、航空、水运换乘便利，衔接紧密。

（2）站点设置

站点设置要考虑城市布局和居民出行便利，一般在能容纳大交通量的地区，能充分接近高密度居住区为最好。

换乘枢纽应根据枢纽站的种类来确定其位置和规模。一般而言，各种交通方式应能便利换乘，尽量缩短乘客换乘时间。

（3）环境保护

在城市轨道交通地面、地下、高架三种结构中，地面轨道交通的噪声、振动等公害最为严重；地铁可以避免这些公害，但造价昂贵；高架轻轨则能有效减少公害，且建设费用较地铁低得多，日益成为城市轨道交通的主要模式之一。

经过科学论证制订的轨道交通规划所赋予的城市交通发展模式及发展方向，在一定时期内是不可动摇的。当然，在实践过程中，会出现一些未预料到的问题或预见不够准确的问题，在实施规划的过程中可以进行动态调节。城市轨道交通规划一经制订，就应该作为有关决策部门的决策参考依据，轨道交通项目的建设应符合规划的基本原则。

任务二 城市轨道交通线网规划与设计

城市轨道交通的线网规划是指规划、决策人员对城市轨道交通系统未来各个时期（包括从无到有、从线到网的不断发展的过程）进行分析、预测并提出相应的、科学合理的规划方案与实施计划的全过程。

城市轨道交通线网规划与设计

一、线网规划的分类

1. 按规划对象分类

线网规划按规划对象可分为路网规划和线路规划。所谓路网规划，主要是确定路网的基本结构、总体规模及主要站点、枢纽的布局形态，同时给出路网的可实施性论证，包括线路铺设方式、换乘节点、修建顺序、联络线分布、与地面其他交通方式的衔接、路网建设的经济性等，以期逐步形成科学合理的交通网络，使其能够起到客流组织的主导作用，并与城市总体的发展与形态的合理演化相协调。所谓线路规划，主要是指确定线路的走向、站点的设置、与其他交通路线或交通方式的换乘及分段修建计划等。

2. 按规划时间分类

线网规划按规划时间可分为近期规划、中期规划、中远期规划和远期规划。通常线路建成运行后2～5年为近期，建成运行后5～10年为中期，建成运行后10～25年为中远期规划，建成运行后25年以上为远期。关于规划期限的划分，主要应考虑城市轨道交通线路或路网客流量的突变因素。一般而言，线路客运量的突变因素主要来源于它在路网上所处环境的突变和与其相衔接的对外交通枢纽点（主要是指车站、机场、大型购物中心等）的突变。

线网规划考虑的年限越长，研究设计的范围就越广，得到的结果也就更为宏观，因此应遵循"近期宜细，远期可粗"的规划原则。

北京、上海的部分城市轨道交通线网图如图2-2、图2-3所示。

图 2-2 北京的部分城市轨道交通线网图

图 2-3 上海的部分城市轨道交通线网图

3. 按规划范围分类

一个城市按照区域位置来划分，通常可以分为中心城区和周边郊区。城市轨道交通线网规划的范围应覆盖整个城市的区域范围。线网规划还应进一步明确重点研究范围，在重点研究范围内，城市轨道交通线路一般更加密集。根据城市的具体特点，重点研究范围一般选择为中心城区。

二、线网规划的主要原则

迅速有效地运送客流是轨道交通建设最直接的目的。作为城市公共交通骨干的城市轨道交通系统，要最大限度地满足居民的出行需求，改善城市交通拥堵的现状，提高轨道交通的分担率。因此，线网的规划要遵循以下原则。

1. 线网布设要与城市主客流方向相一致

城市轨道交通首先要满足的是居民现在和未来的交通需求，并解决城市交通拥堵、居民乘车难和出行时间长等问题。因此，线网规划应研究城市现状和未来土地发展方向、城市结构形态、人口分布特点、就业岗位分布特征、道路交通情况等，目的是了解和预测城市现状和未来居民出行的主客流方向，使轨道交通能最大限度地承担交通需求大通道上的客流，真正实现轨道交通的骨干作用，提高轨道交通的经济效益和社会效益。

2. 规划线路要尽量沿道路主干道布设

城市道路主干道空间开阔，也是客流汇集的地方。轨道交通线路沿着道路主干道布设，不仅可以方便施工，大大减少工程量和拆迁量，对居民生活的干扰也相对较小，而且轨道交通车站也往往分布在主干道附近，有利于地面公交和轨道交通之间的换乘，方便居民出行。例如，上海轨道交通 2 号线是沿着天山西路、南京西路、南京东路和世纪大道等主干道布设的，北京轨道交通

1 号线是沿着长安街等主干道布设的。

3. 规划线路要尽量经过或靠近大型客流集散点

大型客流集散点主要有对外交通枢纽站（如火车站、飞机场、码头和长途汽车站等）、文化娱乐中心（如足球场、大剧院等）、商业中心、大型生活居住小区、大学城和大型生产厂区等。轨道交通线路要尽量经过或靠近这些客流集散点，一来可以增加轨道交通客流，二来方便居民直达目的地，减少换乘，提高可达性。

4. 线网规划要考虑资源共享

一个城市规划的轨道交通线路往往长达数百千米，规划的轨道交通线路也有数十条或十几条之多，考虑到城市用地的局限性，往往会将轨道交通各种资源进行共享，即两条或多条轨道交通线路合用同一资源，如车辆段和牵引变电站等。下面以车辆段为例说明资源共享问题。车辆段是轨道交通车辆停放和检修的场所，占地面积大。在轨道交通建设初期，一条轨道交通线路通常配一个车辆段，但随着轨道交通建设线路条数的增加，受城市用地的限制，每新建一条轨道交通线路就增加一个车辆段是较难实现的，这就要求在线网规划阶段，统筹考虑车辆段在整个轨道交通线网中的位置和规模，以及车辆段与各条正线之间的联络线。

三、线网规模的确定

1. 线网规模影响因素

外界环境因素的制约决定了城市轨道交通线网规模影响因素的多元化。因此，为对城市轨道交通线网规模做出合理预测，就应当对其影响因素进行综合分析，分清主次关系和各因素的联结关系等，为分析预测方法奠定基础，同时也使决策者对影响线网发展的各种因素有一个清晰的认识。

一方面，线网规模受城市形态及布局、城市人口、城市面积、城市交通需求、城市国民生产总值和城市基础设施投资比例等的直接影响：另一方面，这些影响因素也相互制约，如城市人口、城市面积、城市形态及布局对城市交通需求造成影响，国家交通政策、城市交通发展战略及政策、城市国民生产总值又对城市基础设施投资比例造成影响，城市交通发展战略及政策又受国家交通政策大环境的影响。这种相互影响和关联的复杂关系构成了一个大系统。

线网规模的影响因素众多，但每个因素对其的影响作用却不同。有资料表明，城市交通需求和城市基础设施投资比例是城市轨道交通线网规模直接的影响因素，城市形态及布局、城市人口、城市面积通过影响城市交通需求对线网规模产生间接的控制作用，城市国民生产总值和城市交通发展战略及政策则决定了城市基础设施投资比例，体现了城市经济实力对线网规模的影响。线网规模影响因素的层次结构如图 2-4 所示。

2. 线网规模的确定方法

线网规模的准确把握应使其在不同阶段都能满足出行客流的要求，发挥最大的作用。线网的规模要包括不同阶段线网的编织密度和服务水平等级。

（1）定性的确定

① 线网的规模与城市发展规划紧密结合。根据城市发展规划，结合城市特点、出行需求、客流预测，对重点发展地区、商业区、高新技术开发区等进行重点开发。对人口增长和就业岗位的分布进行科学的预测，以指导和帮助规划者更合理地确定不同区域中线网的编织密度。

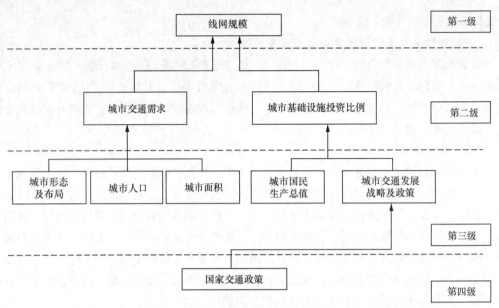

图2-4 线网规模影响因素的层次结构

② 线网的规模与经济发展政策紧密相关。经济发展是支持城市进步、活跃城市社会活动和影响全市居民出行的重要因素之一。很显然，出行率与市民富裕程度息息相关。同时，城市发展交通的投资力度也与经济发展紧密相连。

由于经济发展与机动化程度的变化，总出行率和私人机动化出行率之间有紧密的联系，因此未来GDP的增长趋势对交通发展有重大的意义。根据经济发展的预测，可推算出未来各种交通模式的综合投资潜力及未来公共交通的投资潜力，从而更好地确定不同时期线网的规模。

③ 线网的规模与城市交通发展政策紧密相关。进行准确的交通调查，如进行出行方式、出行率、主要出行客流分配等调查，掌握居民的出行情况，以此确定合理的交通发展政策。

积极发展公共交通，有效控制私人机动化出行，对自行车出行人员进行合理引导，使部分人能转向公共交通。必须推行合理的总体交通发展政策，使各交通体系协调发展。

④ 轨道交通服务水平目标的制订。轨道交通服务水平目标的制订对线网规模的确定有重要的指导作用，很大程度上决定了线网的发展方向和未来建设速度。例如，在制订北京市轨道线网服务水平目标时考虑了如下几点。

a. 易达性。居民住所或上班地点与其最近车站的距离不超过750 m。

b. 出行时间。在市区范围内，出行时间不超过60 min。

c. 候车时间。高峰期候车时间不超过3 min。

d. 舒适度。除座位外，以6 人/m² 为标准。

（2）定量的分析

在定性确定后，可根据公共交通客流总量、人均指标测算法和面积密度测算公式分别定量计算轨道线网规模。

对线网规模的影响作用有的可以量化，有的无法量化，所以在确定城市轨道交通线网规模时要采用定量计算和定性分析相结合的方法。定性分析对线网规模具有宏观指导作用，而定量计算是对定性分析的一种合理验证和修正。在以往的工作中，由于技术手段和调查数据积累的不足，因此定量计算的可信度大打折扣。今后随着数据采集技术的提高和城市公共交通信息化平台的建立，城市轨道交通的合理规划将有有力的技术保障。

四、线网的基本结构

线网的基本结构可分为网状结构、环形结构和放射结构等几种结构。其中，放射结构是指线路多为径向线路且线路交叉向外辐射的线网形式，是一种近似三角形的形态，这种网络形状性能好，乘客换乘方便。它一般由多条穿过市中心的直径线和市中心发出的向外辐射的放射线构成。因此，从乘车点到市中心的绕行度较小，对于人口密集较大的城市，有利于客流向外分散，也方便乘车到市中心工作、学习、购物和娱乐等。环形结构是指线路封闭、环绕市中心区域一圈的线网结构，是一种近似椭圆形的结构，这种结构因线路闭合，可避免和减少折返路线。由于环绕市中心外围，可以对市中心客流起到一定的疏散作用，并因此形成城市除市中心外的副中心，使整个城市轨道交通网络成形，并有层次感。网状结构实际上是以上两种基本结构的综合，它是在放射结构的基础上增加环形，通过环形将各条线路有机联系起来的一种线网结构，如伦敦、巴黎、莫斯科等特大型城市都属于这种结构，上海"申"字形轨道交通网络也属于这种结构。放射环形网状结构既综合了以上三种基本结构的优点，又克服了其中单个结构本身的不足之处。

广州的部分城市轨道交通线网图如图2-5所示。

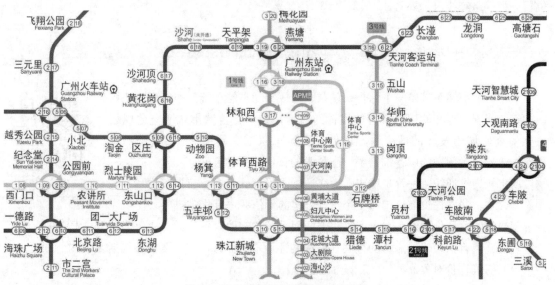

图 2-5 广州的部分城市轨道交通线网图

五、线网设计

1. 城市轨道交通线网设计的过程

线网设计一般分为四个阶段，即可行性研究阶段、总体设计阶段、初步设计阶段和施工设计阶段。设计者应通过不同的设计阶段，由浅入深，不断地比较和修正线路平面、纵断面和坡度线路与车站的关系，最后得到轨道交通线网在城市三维空间中的准确位置。

（1）可行性研究阶段。主要是通过实际调查确定方案，然后通过线路多方案比较，选择线路走向、路由、车站分布、辅助线分布、线路交叉形式、线路敷设方式等，并提出设计指导思想和主要技术标准。

（2）总体设计阶段。主要任务是根据可行性研究报告和审批意见，初步确定线路平面规划，提出线路纵断面的标高位置，确定车站的大体位置。

（3）初步设计阶段。根据总体设计文件及审查意见，确定线路设计的原则、技术标准；基本确定线路平面位置和车站位置；开始进行纵断面设计。

（4）施工设计阶段。根据初步设计文件及审查意见，对部分车站位置和个别曲线半径进行微调，对线路平面及纵断面进行精确计算和详细设计，并提供施工图样及说明。

2. 城市轨道交通线网设计的内容

城市轨道交通线网设计内容主要包括以下几方面。

（1）选线。包括选择设计线路的走向、路由、车站分布、辅助线分布、交叉形式和敷设方式等。

（2）线路平面的设计。从平面看，线路是由直线和曲线组成的，曲线包括圆曲线和缓和曲线。在线路设计时，主要根据实地情况和技术要求考虑线路平面的组成要素，即直线与曲线的技术标准，如曲线半径、圆曲线长度、缓和曲线等。

（3）线路纵断面的设计。从纵断面上看，线路主要由平道和坡道组成。线路设计时，主要考虑平道与坡道的技术标准，如最大坡度、最小坡度、坡段长度及竖曲线等。

（4）车站站位的选择。一般车站按纵向位置分为跨路口、偏路口一侧和两路口三种，按横向位置分为道路红线内、外两种。

任务三　城市轨道交通线网评价

城市轨道交通系统是一个综合、复杂、开放和动态的系统。如何评价该系统的运营状况、存在的问题及可能发挥的潜力？如何评价城市轨道交通规划方案对今后城市发展的适应性？如何检验城市轨道交通系统今后实施的效果？对诸如此类问题的解答都需要一套科学的评价体系和方法。

城市轨道交通
线网评价

城市轨道交通线网评价是城市轨道交通线网规划的重要环节。在线网方案构架研究中，线网评价需确定每一个备选方案的价值并进行优劣排序。在最终的评优决策中，评价则对备选方案进行全面而系统的定性定量分析，从而选择出技术先进、经济合理、实施可行的最优或满意的方案。就线网评价本身而言，其主要任务包括以下几个方面。

（1）明确评价对象。

（2）确定评价目的及准则。

（3）建立评价指标或指标体系。

（4）各评价指标的分析与计算。

（5）选择合适的评价方法，综合各评价指标的分析及计算结果，对备选方案进行比选。

（6）最终确定最优或最满意方案。

一、评价过程与指标

轨道交通线网方案的评价是优化选择方案的环节之一，但不能将优化方案的选取依托在一次性的方案比选上。优选方案应通过下面三个过程来获得。

（1）在城市规划或城市综合交通规划中，应确定一些宏观的、战略性的问题或指标，如公交出行比例，这些是在规划方案时必须要达到的目标。反之，不符合这些目标的方案必须淘汰。

（2）通过方案设计的过程进行方案初步筛选。规划者应明确轨道交通线网规划的设计准则或原则，通过这些定性的准则或原则淘汰一些方案。将一些定性的指标，如近期线网的实施性、线网发展的适应性和线网结构的合理性等，在方案设计过程中通过设计者个人或集体的广泛的经验及综合判断能力进行筛选，保留下来的方案应是总体比较优秀、各有优点且难分高下的备选方案。

（3）通过一些定量评价指标体系对上述备选方案进行定量分析和比较。定量评价指标体系应反映线网对城市发展、运营效果和经济性三方面的影响，尽量采用相互独立的、比较客观的定量指标。

二、评价指标体系

城市轨道交通系统的各项影响因素较多，一般采用塔式结构的层次指标体系。过于复杂和多变的结构关系不利于决策分析，故塔式的关系结构是目前比较普遍采用的评价指标体系结构。塔式结构的层次指标体系如图 2-6 所示。

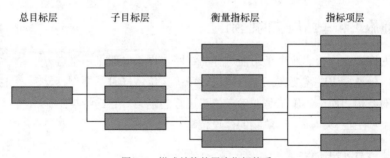

图 2-6　塔式结构的层次指标体系

目前，中国北京、上海、广州和南京等城市在进行城市轨道交通线网规划的工作中，根据城市自身的特点进行了相应的研究，积累了一定的经验。一般情况下，城市轨道交通线网规划方案评价的总目标又可进一步细分为技术评价、经济评价和社会环境影响评价三个子目标。建立合理的衡量指标层有助于指标项层的明确分类。例如，对技术评价子目标进行分析，同时与线网方案构架过程的主导因素相对应，确立的衡量指标层包括以下三个要素。城市轨道交通线网综合评价指标体系如图 2-7 所示。

（1）B1 对居民出行条件的改善作用。体现不同方案对居民出行条件的改善程度。

（2）B2 运营效果。体现线网运营特征。

（3）B3 建设实施性。从工程施工角度考察规划方案实施的难易程度，并对方案分期建设的合理性进行考察。

对衡量指标层又可进一步细分，来确定各具体的指标项层。

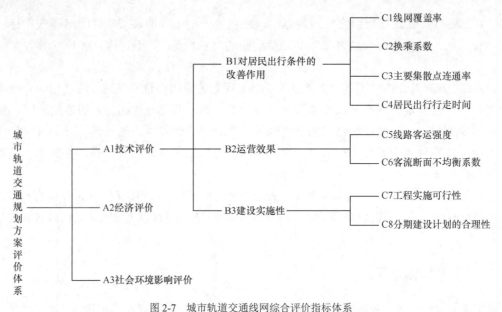

图 2-7　城市轨道交通线网综合评价指标体系

任务四　城市轨道交通线路施工

一、隧道施工和车站施工的区别

隧道施工为连通地下相邻两个车站而进行的线路建设，一般采用掘进方式来形成隧道，隧道掘进中需要在三维空间进行精确定位，同时需要进行支撑以形成稳定的结构。而车站施工是在确定位置进行的建设，它的特点是原地建设，基本不产生位移，属于建筑物的建设范畴。

城市轨道交通
线路施工

二、隧道施工常用方法

1. 明挖法

在进行浅埋隧道、管道或其他地下建筑工程时，采用从地表开挖基坑或堑壕，修筑衬砌后，先将隧道部位的岩（土）体全部挖除，然后修建洞身、洞门，再用土石进行回填的施工方法，称为明挖施工法，简称明挖法。明挖法如图 2-8 所示。

采用明挖法施工的优点有施工条件有利、速度快、质量好、安全、简单、经济，城市地下隧道工程发展初期都把它作为首选的开挖方法。

2. 暗挖法（盾构法）

暗挖法是利用盾构机进行隧道掘进的一种施工方法。盾构机一般由盾构壳体、推进系统、拼装系统、出土系统四大部分组成。隧道断面形状取决于设计要求，一般可分为圆形、半圆形、矩形、马蹄形四种。施工具有自动化程度高、节省

图 2-8　明挖法

人力、施工速度快、一次成洞、不受气候影响、开挖时可控制地面沉降、减少对地面建筑物的影

响和在水下开挖时不影响水面交通等特点，尤其在隧道洞线较长、埋深较大的情况下，用盾构机施工更为经济合理。暗挖法如图 2-9 所示。

3. 沉管法

沉管法也称预制管段法或沉放法。施工的流程是先在隧道位址以外的船台上或临时干坞内制作隧道管段，并将两端临时封闭起来，预制完成后用拖轮拖运到隧道指定位置；然后在隧道定位处预先挖好水底基槽，待管段定位就绪后，向管段内灌水压载，使之下沉；最后将沉下并已放置在正确位置的多片管段内的水排空后形成水下联结，再经覆土（石）回填后，即形成了沉管内部的通道，水下隧道即告筑成。沉管法如图 2-10 所示。

图 2-9　暗挖法

图 2-10　沉管法

（1）沉管法施工的优点。因将水下操作改为陆上作业，施工安全、施工场地等条件均有改善，可同时进行多管段的预制和施工，有利于缩短工期和安排工程的搭接施工。

（2）沉管法施工的缺点。局限于穿越河流、湖泊等水下隧道施工作业。

三、轨道交通车站施工

（1）车站施工要求。地下车站一般都设在城市中心圈，施工期间对城市交通的影响要降到最低。由于在人口、建筑物、地下管线等比较稠密的地段进行，工程地质复杂多变，因此施工技术含量高。

（2）轨道交通地下车站常见的施工方法。盖挖逆筑法，如图 2-11 所示。

盖挖逆筑法与明挖法相比，其优势在于能够减少交通拥堵时间、减轻施工对环境的干扰。二者的区别在于主体结构的施工顺序上。

（3）主要施工技术措施。支撑桩采用以 H 形钢为柱芯的钢管或钻孔灌注桩，以满足沉降的控制要求；采用地下连续墙低注浆的方法，增强基底持力层的刚性，使地下连续墙与临时支撑柱共

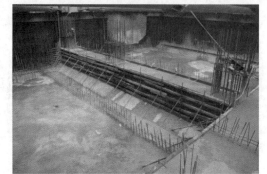
图 2-11　盖挖逆筑法

同承受上部荷载，以减小差异沉降。盖挖逆筑法开挖支撑施工工艺中，利用混凝土板对地下连续墙的变形起约束作用，在暗挖过程中采用一撑两用的合理方法，大大减少了工程量，加快了工程进度，控制了墙体位移。

项目拓展

中国首条公铁合建隧道全线贯通

2018 年 6 月 9 日上午 9 时，在武汉长江江畔 30 m 深处，直径为 15.76 m 的超大盾构"开泰号"从工作井中探出了头，宣告武汉三阳路长江隧道全线贯通。

作为中国首条公铁合建隧道，采用超大直径盾构机进行建设，"超级工程"三阳路长江隧道的建设有着超级大的难度：地质极其复杂、隧道断面极大、出土量达 10^6 m^3。武汉三阳路隧道使用的超大直径盾构机如图 2-12 所示。

图 2-12　武汉三阳路隧道使用的超大直径盾构机

武汉三阳路长江隧道工程是武汉市轨道交通 7 号线一期工程过江段，距离长江二桥 1.3 km，距离青岛路长江隧道 1.9 km，规划定位为城市道路和轨道交通共用过江通道，是连接汉口滨江商务区和武昌岸临江商务区的重要纽带。这是中国第一条穿越复合地质土层的 15 m 级超大直径盾构机所建的隧道。

项目操作

1．选择某个城市的地铁线路，查找资料，描述其所采用的施工方法。
2．比较城市地铁施工方法的适用范围。

项目考核

1．城市轨道交通规划的原则有哪些？
2．城市轨道交通规划的内容有哪些？
3．线网规划的分类有哪些？
4．城市轨道交通线网设计的内容包含哪些？
5．隧道施工的常用方法有哪些？

项目三
城市轨道交通车站与车站设备

学习目标

- 理解车站的概念
- 能够正确陈述车站的分类及不同类型车站的特点
- 了解车站客运的主要设备设施及其作用

思维导图

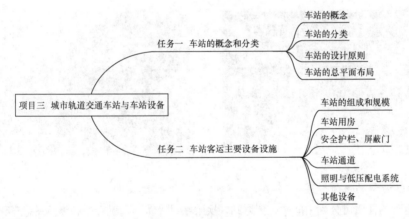

项目三 城市轨道交通车站与车站设备

任务一 车站的概念和分类
- 车站的概念
- 车站的分类
- 车站的设计原则
- 车站的总平面布局

任务二 车站客运主要设备设施
- 车站的组成和规模
- 车站用房
- 安全护栏、屏蔽门
- 车站通道
- 照明与低压配电系统
- 其他设备

项目导学

车站是城市轨道交通体系中的重要建筑物。车站的选址、布置、规模等不仅会影响运营效益，而且会影响城市交通拥堵情况。车站往往又是连接其他交通设施的枢纽，方便的交通能够促进城市的健康发展。

任务一　车站的概念和分类

一、车站的概念

车站是在城市轨道线路上，供列车到发、通过、折返、停车的地点，是吸引客流和疏散客流并供旅客乘降、换乘和候车的基本设施。因此，车站既要满足乘客安全、迅速、方便的乘车出行需求，又要为乘客提供舒适、整洁、环保的乘车环境。

车站的概念和分类

二、车站的分类

车站按照不同的方法可以分成为不同的类型。

1. 按车站所处的空间位置分类

车站按所处的空间位置可分为地面车站、地下车站、高架车站三种类型。

（1）地面车站

图 3-1　地面车站

车站设置在地面层。由于占用地面空间，最容易造成轨道交通区域分割，因此一般在城乡接合部采用此类型车站，它最大的优点是造价低。地面车站如图 3-1 所示。

（2）地下车站

受地面建筑群影响，轨道交通线路设置于地下，其车站也随之设置于地下，主要是为了节省地面空间。地下车站如图 3-2 所示。根据其埋深，地下车站又可分为浅埋式车站和深埋式车站两种类型。造价方面，埋深越大的车站造价越高。

（3）高架车站

车站置于高架桥的桥面，在结构上比较简单，造价大大低于地下车站。高架车站如图 3-3 所示。

图 3-2　地下车站

图 3-3　高架车站

2. 按车站运营的性质分类

按车站运营的性质可分为中间站、折返站、换乘站、接轨站、越行站和终点站。车站分类示意图如图 3-4 所示。

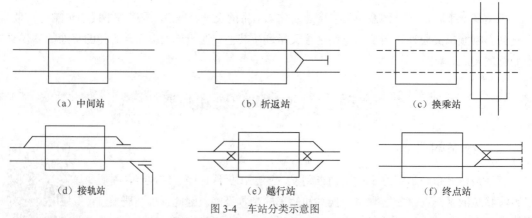

（a）中间站　　　　　（b）折返站　　　　　（c）换乘站

（d）接轨站　　　　　（e）越行站　　　　　（f）终点站

图 3-4　车站分类示意图

（1）中间站

中间站仅供乘客上、下车之用，功能单一，是线路中数量最多的车站。另外，由于车站所处的位置不同，因此还具有购物、城市景观等其他功能。中间站通常由站台、车站大厅或广场、售票厅、轨道交通企业专用空间和出入口通道组成。

（2）折返站

折返站也称区间站，是在车站内有尽端折返设备的中间站，能使列车在站内折返或停车。在到达该站的折返列车上的全部乘客都要下车，列车掉头后从本站出发的乘客再上车。

（3）换乘站

换乘站是位于两条及两条以上线路交叉点上的车站。它除具有中间站的功能外，更主要的是它还可以用于线路之间的换乘。因此，它除要配备站台、楼梯或自动扶梯外，还要配备供乘客由一线站台到另一线站台的换乘设施（如通道等）。

（4）接轨站

接轨站是位于轨道交通线路分岔处的车站，可以在两个方向上接车和发车。

（5）越行站

每个行车方向具有一条以上站线（含正线）的中间站，其中靠近站台的站线供本站停靠的列车使用，离站台稍远的站线供非本站停靠的越行列车使用。

（6）终点站

终点站是位于线路起、终点处的车站。在终点站，所有乘客必须全部下车。该站除供乘客乘降外，还用于列车折返及停留，因此终点站一般设有多条停车线。当线路需要延长时，则终点站可作为中间站或折返站来使用。

3. 按车站站台的性质分类

按车站站台的性质可分为岛式站台车站、侧式站台车站和混合式站台车站。不同类型站台车站示意图如图 3-5 所示。

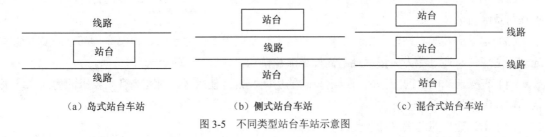

　（a）岛式站台车站　　　　（b）侧式站台车站　　　　（c）混合式站台车站

图 3-5　不同类型站台车站示意图

（1）岛式站台车站

岛式站台车站是指站台位于上下行行车线路之间的车站，如图 3-6 所示。车站选择岛式站台，主要是因为区间上下行行车线路的线间距较大，所以大多数地下车站以及线间距大的车站均设置岛式站台。

这种车站的优点是站台面积利用率高、能灵活调剂客流、乘客中途改变乘车方向方便、便于车站集中管理、站台空间宽阔。这种车站最适合用于客流量较大的车站。

（2）侧式站台车站

侧式站台车站是指站台位于上下行线路两侧的车站，如图 3-7 所示。

这类车站的优点是上下行乘客可避免相互干扰、正线

图 3-6　岛式站台车站

和站线间不设喇叭口、造价低、改建容易；缺点是站台面积利用率低、不可调剂客流、中途改变乘车方向需经地道或天桥、车站管理分散、站台空间不及岛式站台宽阔。侧式站台多用于两个方向客流量较均匀（或流量不大）的车站或高架车站。

（3）混合式站台车站

混合式站台车站是指兼有岛式站台和侧式站台两种形式的车站，如图 3-8 所示，主要用于两侧站台换乘或列车折返。有一岛一侧式车站，也有一岛两侧式车站。

图 3-7　侧式站台车站　　　　　　　　　　图 3-8　混合式站台车站

三、车站的设计原则

（1）根据车站规模、类型及总平面布置，合理组织人流路线，划分功能分区。在组织人流路线时，应考虑下列各要点。

① 进、出站客流线路和换乘客流线路要分开，尽量避免交叉和相互干扰。

② 乘客购票、问讯及使用公用设施时，均不应妨碍客流通行。

（2）车站公用区应划分为付费区与非付费区。此两区进、出站检票口应进行分隔。换乘一般设在付费区内。

（3）车站的站厅、站台、出入口楼梯和通道、升降设备、售票口、检票口等部位的通过能力应相互适应，且通过能力应按远期超高峰客流量确定。

（4）有噪声源的房间应远离有隔声要求的房间及乘客使用区，对有高音质要求的房间应均采取隔声、吸声措施。

（5）车站应考虑防灾设计和无障碍设计。

四、车站的总平面布局

车站总平面布局是在车站中心位置及方向确定后，根据车站所在地周围的环境条件对车站布局的要求，选定车站类型及合理设计出入口、通道、通风道等设施的过程。车站总平面布局既要求使乘客能够安全、迅速、方便地进出车站，又要求能与周围的建筑物、道路、交通、过街地道或天桥、大型商场、购物中心、绿地等协调，使之相互统一、相互融合，构成统一体。在进行车站总平面布局时，应考虑以下几个问题。

1. 出入口位置的确定

地铁与轻轨系统车站出入口的主要作用是能够吸引和疏散客流，应尽力做到以下几点。

（1）出入口的位置应选在城市道路的两侧，交叉路口及有大量客流的广场、大型商场附近，出入口宜分散均匀布置，出入口之间的距离应尽可能大，使其能够最大限度地吸引客流，方便乘客进出车站。

（2）出入口的位置宜设在火车站、汽车站、大中型企业、文体中心、居民区等附近，便于乘客换乘，要设置明显的地铁与轻轨系统特征的统一标志，以便乘客识别。

（3）出入口的位置设置要符合有关部门的规划要求、消防要求及其他各种要求，在人流拥挤的地方，如火车站，为避免与其他方向的人流相互交叉与干扰，减少出入口拥堵，应设在距集散处适当远处，不宜设在客流主要集散口。

2. 出入口与城市过街地道、天桥等相结合

当地铁与轻轨系统车站出入口位于城市过街地道、天桥附近时，为方便乘客、节约投资，可以将其进行合并一起修建，融为一体。这样，可以不影响车站的管理，还可以对站内的客流路线不造成干扰，对城市建设和地铁运营都有利。地铁车站与天桥的连接图如图3-9所示。

图3-9　地铁车站与天桥的连接图

3. 近、远期规划建设应统一

在进行车站总平面布局时，还应根据车站近、远期规划发展需要，结合车站具体条件和实际情况，采取一次建成、分期实施的方式建设，做到既能满足现状，又能符合远期发展要求，为以后的建设留有余地。

任务二　车站客运主要设备设施

轨道交通车站形式上看与"火车站"相似，是用于停靠轨道交通车辆，但是在设计内涵、理念上是完全不同的，而在使用功能上更接近"公共汽车站"。

车站客运主要
设备设施

一、车站的组成和规模

1. 车站的组成

车站由车站主体（站台、站厅、车站用房等）、出入口及通道、通风道及地面通风亭（仅地下车站有）三大部分组成。

车站主体是轨道交通车辆在线路上的停车点，其作用是供乘客集散、换乘，同时它又是地铁运营设备设置的中心和办理运营业务的地方。

出入口及通道是供乘客进、出车站的建筑设施。

地下车站需要考虑通风道及地面通风亭，其作用是保证轨道交通车站具有一个舒适的地下环境。

2. 车站主体的组成和功能

车站主体根据功能的不同，可分为以下两大部分。

（1）乘客使用空间

乘客使用空间又可分为非付费区和付费区。非付费区是乘客未正式进入站台前的活动区域，一般应有一定的空间，供设售检票设施，根据需要还可设银行、公用电话、小卖部等设施。非付费区的最小面积一般可以参照能容纳高峰时 5 min 内可能聚集的客流量的水平来推算。付费区包括部分站厅、站台、楼梯和自动扶梯等，它是为停车和乘客乘降提供服务的区域。

乘客使用空间是车站设计的重点，它对车站类型、总平面布局、车站平面、结构横断面形式、功能是否合理、面积利用率、人流路线组织等设计有较大的影响。设计时要注意人流路线的合理性，以保证乘客方便、快捷地出入车站。

（2）车站用房

车站用房包括运营管理用房、设备用房和辅助用房三部分。

① 运营管理用房：是为保证车站具有正常运营条件和营业秩序而设置的办公用房，由进行日常工作和管理的部门及人员使用，直接或间接为轨道交通车辆运行和乘客服务，主要包括站长室、行车值班室、业务室、广播室、会议室、公安保卫室、清扫员室等。

② 设备用房：是为保证列车正常运行、保证车站内具有良好环境条件及在事故灾害情况下能够及时排除灾情的不可缺少的用房，直接或间接为轨道交通车辆运行和乘客服务，主要包括环控机室、变电所、控制室、通信机械室、信号机械室、泵房、票务室、工区用房、附属用房及设施等。设备用房是整个车站的心脏所在地。由于这些用房与乘客没有直接联系，因此一般设在离乘客较远的地方。

③ 辅助用房：是为保证车站内部工作人员正常工作、生活所设置的用房，直接供站内工作人员使用，主要包括厕所、盥洗室、更衣室、休息室、茶水间、储藏室等。

车站用房均设在站内工作人员使用的区域内。

3. 车站的规模

车站规模主要指车站站台外轮廓尺寸、层数及用房面积的大小等。在进行车站总体布局之前，一般要先确定车站规模，而车站规模主要根据本站远期预测高峰客流量、所处位置的重要性、站内设备和管理用房面积及该地区远期发展规划等因素综合考虑确定，其中客流量大小是一个重要因素。

车站规模一般分为三个等级。在大城市中，车站规模按三个等级设置；在中等城市中，其规模可以设两个等级。车站规模等级适用范围见表 3-1。

表 3-1   车站规模等级适用范围

车站规模	适用范围
大型站（甲级站）	适用于客流量大的地区，如市中心区的大型商贸中心、大型交通枢纽中心、大型集会广场、大型工业区及位置重要的政治中心地区
中型站（乙级站）	适用于客流量较大的地区，如较繁华的商业区、中型交通枢纽中心、大中型文体中心、大型公园及游乐场、较大的居住区及工业区
小型站（丙级站）	适用于客流量不大的地区

车站规模的大小将直接影响工程造价的高低。规模过大，投资太高；规模不足，满足运营的需要期限短，影响运营功能且日后改建困难。因此，在确定车站规模时，应慎重进行技术经济比较。

二、车站用房

各城市轨道交通运营公司对城市轨道车站用房的定义不尽相同。一般来讲，车站用房包括设备用房、运营管理用房和辅助用房等。根据客流量的大小，在不影响客流集散的同时还可以设置商业用房。

1. 设备用房

设备、管理用房基本分设于车站两端，一端大，一端小，中间作为站厅公共区。

设备用房是安置各类设备、进行日常维修及保养设备的场所，一般分为票务维修室、通信机械室、信号机械室、环控配电室、照明配电室、低压配电室、蓄电池室、环控机房、气瓶间、污水泵房、混合风室、风机房、电缆井、屏蔽门控制室、电梯机房、变电所控制室、动力变压器室、变电所储藏室、变电所检修室、变电所整流变压室、高压开关柜室、整流器柜及直流开关柜室等。设备用房中最大的是环控机房，它包括冷冻机房、通风机房及环控电控室。

2. 运营管理用房

运营管理用房包括站长室、会议室和公安保卫室（警务室）、车站控制室、票务室、信号值班室以及站台监视亭等。

3. 辅助用房

辅助用房的主要功能是为乘客办理各种有关乘车的业务，或为乘客提供与乘车相关的咨询业务。辅助用房主要有客服中心、临时票亭等。

4. 其他用房

其他用房包括洗手间、更衣室、休息室、备品库、垃圾间、清扫工具间等。另外，有些车站设有公用电话亭、银行或自助银行等商业用房。

三、安全护栏、屏蔽门

安全护栏或屏蔽门都是为保证乘客在站台上乘降安全而设置的。针对轨道运输车站站台高的特点，为有效防止乘客乘降前后在站台边沿掉入股道的事故发生，车站应设置屏蔽门或安全护栏，如图 3-10 和图 3-11 所示。

图 3-10　屏蔽门　　　　　　　　　　　　　　　　　图 3-11　安全护栏

屏蔽门又称站台幕门或安全门，是指在站台上以玻璃幕墙的方式包围地铁站台与列车上落空间。轨道交通车辆到达时，开启玻璃幕墙上电动门供乘客上下列车。屏蔽门虽然在维护上有一定的投入，但其安全效益是长远的。

四、车站通道

乘客从车站出入口到站厅层，或从站厅层到站台层需要通过一定的通道，通道是联系城轨车站出入口和站厅层的纽带。地铁通道及换乘标识如图 3-12 所示。无论是地下车站还是高架车站，一般从立体结构上分为两层或三层，大型换乘枢纽站分层更多，所以每层之间的联系通道设计也将直接影响到站内乘客流线。通道的设计应以乘客流动路线为主要考虑依据，并遵循两个原则，即减少进出站乘客流动路线的交叉和最大限度缩短乘客从出入口到站台的行走距离。

通道主要由楼梯、电梯和步行道构成。地下车站或高架车站一般由地下（上）两、三层组成，各层之间都设有楼梯、自动扶梯或垂直电梯，以方便不同需要的乘客进、出车站和乘车。

（a）地铁通道

（b）换乘标识

图 3-12　地铁通道及换乘标识

五、照明与低压配电系统

1．照明系统

地铁车站的地下地域特征及地铁运营性质决定了地铁内照明种类的多样化，进而决定了照明配电回路的数量不亚于动力用电回路的数量。照明种类按属性可分为应急照明、节电照明、标志照明、出入口照明、一般照明、广告照明、事故照明等若干种。

一般照明是地铁车站通道、站厅、站台内设置灯具最多的一种照明，这种照明用来保证乘客在地铁车站里能安全地候车和上下车。

应急照明是正常照明以外的一种备用照明。这种应急照明装置是一种新颖的照明灯具，其内部装有小型密闭蓄电池、充放电转换装置、逆变器和光源等部件。

2．低压配电系统

地铁的独立特性决定了低压配电的复杂性。低压用电设备数量大、类型多、负责范围广，系统设计考虑因素比较复杂，如电线电缆的选择、配电结构的设计等。低压配电系统直接向轨道交通中的低压用电设备提供电能，并且监控通风空调、给排水设备和照明设备的运行状态。

六、其他设备

（1）冷却塔：是主要为中央空调提供散热的设备。冷却塔原则上按 "一端布置，每站一组" 设置。

（2）商业设备：如售货厅、自动售货机等。自动售货机如图 3-13 所示。

（3）对讲器：安装于售票问讯处和车站控制室的玻璃窗前，当乘客有需要帮忙时，可以及时与地铁车站工作人员对话联系。

图 3-13　自动售货机

项目拓展

中国名字非常特别的 3 个地铁站，一个最励志，一个特别长

随着经济的快速发展，人们的生活越来越好，各大城市都修建了地铁，为人们的出行提供了便利，也促进了地区经济的发展。在中国成百上千个地铁站中，你知道哪些地铁站的名字起得很特别吗？一起来了解一下中国名字非常特别的 3 个地铁站吧！它们中一个很励志，一个很长，总之与众不同。

第一个就是翻身站，如图 3-14 所示。翻身站与翻身仗谐音，人在什么时候需要翻身呢？不就是失败的时候才需要翻身吗？正是因为如此，才说这个站名非常励志。它是深圳地铁 5 号线上的一个车站，该站一共有 3 个出入口，车站总长 200 多米。它的建筑面积并不是非常大，所处的地段也不算很繁华，它能够被人们知晓、熟记，大部分的原因是它这特别的名字。

图 3-14　翻身站

第二个则是古田一路站，千万不要以为这个名字就很长了，后面还有更长的呢。这个名字看上去非常普通，但对武汉熟悉的朋友应该知道，在武汉地铁 1 号线中，就有 4 个地铁站的名字中有"古田"，只是数字不同而已。众所周知，武汉的交通十分便利，素有"九省通衢"的称号。

第三个是一个名字特别长的地铁站——南艺·二师·草场门站，如图 3-15 所示。这个名字恐怕说几遍都不一定能记住。该站是南京地铁 4 号线的车站，它的名字很特别，并且它是中国非常美的一个地铁站。在地铁站内有一面艺术墙，主题是"书画同源"，极具艺术气息。墙上内容主要有"书圣"王羲之的《兰亭集序》和他"书成换白鹅"的典故，还有顾恺之所绘制的《洛神赋图》。

图 3-15　南艺·二师·草场门站

北京地铁规模最大的车站

　　西单站借鉴了日本"地下城"的思路，是北京地铁建设以来规模最大的地铁车站。它是三拱二柱双层岛式的车站，按 8 节车编组设计，长度为 260 m，站台宽度为 16 m，建有 5 个敞开式出入口，为乘客购物和出入乘车提供了方便。

项目操作

1. 以你熟悉的城市地铁为例，区分其车站的类型，并说明其优缺点。
2. 查找资料，概括全国城市有哪些比较有特色的地铁车站。

项目考核

1. 车站的概念是什么？
2. 车站的分类有哪些？
3. 车站有哪几部分组成？
4. 车站规模分为哪 3 个等级？
5. 车站用房包含哪些？

项目四
城市轨道交通车辆与设备

学习目标

- 能够描述城市轨道交通车辆技术的发展历程
- 能够正确陈述城市轨道交通车辆机械部件的结构和原理
- 能够正确阐述城市轨道交通车辆电气部件的结构和原理

思维导图

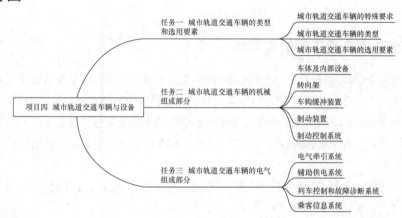

项目导学

　　城市轨道交通是以列车或单车形式，运送一定规模客流量的城市公共交通方式。由于车辆通常是由电力驱动的，因此又称电动列车。

　　电动列车在全封闭或部分封闭的专用轨道线路上，依靠列车受流器从接触网获取电能，根据信号及预先编制的运行图，在行车组织部门的指挥下有序行驶。因此，电动列车是城市轨道交通系统中各专业技术成果的综合载体。城市轨道交通车辆作为运送乘客的运输工具，必须要有良好的牵引、制动性能，能快速起动或停车，以保证车辆运行的安全、准点和快捷，同时还要有良好的乘客服务设施，使乘客感到舒适和方便。

任务一　城市轨道交通车辆的类型和选用要素

一、城市轨道交通车辆的特殊要求

　　城市轨道交通车辆主要是指地铁车辆和轻轨车辆，它是城市轨道交通工

城市轨道交通车辆
的类型和选用要素

程的非常重要的设备，也是技术含量较高的机电设备。城市轨道交通车辆应具有先进性、可靠性和实用性，应满足容量大、安全、快速、舒适、美观和节能等要求。

城市轨道交通车辆作为城市公共交通工具，主要在市内和市郊运行。它的运行条件与干线铁道车辆有一些不同：车辆要在地下隧道、高架和地面轨道上运行，站距短，线路曲线半径小，坡度大；客流量大而集中，乘客上下车频繁，高峰期可能会出现超载现象。

城市轨道交通作为公共交通，应尽量缩短乘客的乘坐时间，由于站距短，要提高最高运行速度是比较困难的，因此车辆一般有较高的起动加速度和制动减速度，以达到起动快、停车制动距离短、提高车辆平均速度的目的。

车辆的设计应遵循减少能耗、减少发热的原则。为避免隧道内温度升高，要尽量减轻车辆自重，选择效率高的传动系统。

由于运转密度较高，为确保安全行车，地下铁道的通信信号比较复杂，因此车载通信信号设备及车辆的控制系统应有良好的适应能力。

随着生活水平的提高，人们对乘坐舒适性的要求也越来越高，因此车辆的悬挂系统比铁路要求高，不少地铁交通车辆的车厢内除采用机械式通风换气来改善车内空气品质外，还增设了空气调节装置，尽可能地提高乘坐舒适性，并改善司机的工作环境。同时，在降低车厢内来自轮轨系统和动力系统的噪声上也采取了多种有效的措施。

二、城市轨道交通车辆的类型

城市轨道交通车辆以地铁交通车辆为代表。地铁交通车辆是用来运输乘客的运输工具，按有无动力可分为两大类：第一类是拖车（T），即本身无动力牵引装置的车辆；第二类是动车（M），即本身装有动力牵引装置的车辆。动车又分为带有受电弓的动车和不带受电弓的动车。由于动车本身带有动力牵引装置，因此它兼有牵引和载客两大功能。地铁车辆在运营时一般采用动拖结合、固定编组的方式形成电动列车组。

另外，城市轨道交通车辆还可按照其适用范围和车体基本宽度进行分类，城市轨道交通车辆的分类见表 4-1。

表 4-1　　　　　　　　　　　城市轨道交通车辆的分类

系统	分类	车辆和线路条件	客运能力 N/（人次·h^{-1}） 运行速度 v/（km·h^{-1}）	备注
地铁系统	A 型车辆	车长：24.4 m /22.8 m 车宽：3.0m 定员：310 人 线路半径：≥300 m 线路坡度：≤3.5%	N：4.0 万～7.5 万 v：≥35	高运量，适用于地下、地面或高架
	B 型车辆	车长：19.52 m 车宽：2.8 m 定员：230～245 人 线路半径：≥250 m 线路坡度：≤3.5%	N：3.0 万～5.0 万 v：≥35	大运量，适用于地下、地面或高架
	直线电机 B 型车辆	车长：17.2 m/16.8 m 车宽：2.8 m 定员：215～240 人 线路半径：≥100 m 线路坡度：≤6%	N：2.5 万～4.0 万 v：≥35	大运量，适用于地下、地面或高架

续表

系统	分类	车辆和线路条件	客运能力 N/（人次·h⁻¹） 运行速度 v/（km·h⁻¹）	备注
轻轨系统	C 型车辆	车长：18.9～30.4 m 车宽：2.6 m 定员：200～315 人 线路半径：≥50 m 线路坡度：≤6%	N：1.0 万～3.0 万 v：≥25～35	中运量，适用于地下、地面或高架
	直线电机 C 型车辆	车长：16.5 m 车宽：2.5 m 定员：150 人 线路半径：≥60 m 线路坡度：≤6%	N：1.0 万～3.0 万 v：≥25～35	中运量，适用于地下、地面或高架
	有轨电车系统 （单车或铰接车）	车长：12.5 m/28 m 车宽：≤2.6 m 定员：110～260 人 线路半径：≥30 m 线路坡度：≤6%	N：0.6 万～1.0 万 v：≥15～25	低运量，适用于地面道路混行
单轨系统	跨座式单轨车辆	车长：15 m 车宽：3 m 定员：150～170 人 线路半径：≥60 m 线路坡度：≤6%	N：1.0 万～3.0 万 v：≥35	中运量，主要适用于高架
	悬挂式单轨车辆	车长：14 m 车宽：2.6 m 定员：80～100 人 线路半径：≥60 m 线路坡度：≤6%	N：0.8 万～1.5 万 v：≥20	中运量，主要适用于高架
磁悬浮系统	低速磁悬浮车辆	车长：12～15.5 m 车宽：2.6～3.0 m 定员：150 人 线路半径：≥70 m 线路坡度：≤7%	N：1.5 万～3.0 万 v：≤100	中运量，主要适用于高架
	高速磁悬浮车辆	车长：24～27 m 车宽：3.7 m 定员：100 人 线路半径：≥300 m 线路坡度：≤10%	N：1.0 万～2.5 万 v：≤430	中运量，主要适用于郊区高架
自动导向系统	胶轮导向车辆	车长：8.4 m 车宽：≤2.4 m 定员：75 人 线路半径：≥30 m 线路坡度：≤6%	N：0.6 万～1.5 万 v：≤430	低运量，主要适用于高架
区域快速系统	特型车辆	车长：22～25 m 车宽：≤3.4 m 定员：≥120 人 线路半径：≥400 m 线路坡度：≤3%	N：50 万～80 万 v：120～160	大运量，适用于城市区域交通方式

三、城市轨道交通车辆的选用要素

城市轨道交通车辆主要的选用要素如下。

1. 客流特点

城市轨道交通运送的主要对象是市内常住人口的上下班客流、车站和机场的集中到达客流、节假日及大型活动的集中客流、流动人口集中进出城市的客流等。建设城市轨道交通的最终目的是缓解城市公共交通压力，改善人们的出行条件，促进城市的经济发展。

2. 客流量

根据单向高峰小时最大断面客流量来选用车辆，通常单向高峰小时最大断面客流量为 0.6 万～1 万人次，宜采用地面公共交通车辆；单向高峰小时最大断面客流量为 1 万～3 万人次，可采用轻轨交通车辆；单向高峰小时最大断面客流量为 3 万～7 万人次，应选择地铁交通车辆。

3. 旅行速度

市区采用地面公交车辆，旅行速度为 10～25 km/h；市区交通采用轻轨、地铁交通车辆，旅行速度为 30～40 km/h；城郊间采用快速轨道交通车辆，旅行速度为 50～60 km/h；城际区域间则要采用更高旅行速度的车辆。

4. 线路条件

若受地形限制，线路小半径曲线、大坡度上下坡特别多，就要考虑采用单轨车辆、直线电机车辆或低速磁悬浮车辆。

任务二　城市轨道交通车辆的机械组成部分

一、车体及内部设备

车体是城市轨道交通车辆非常重要的组成部件,其主要功能是运载乘客,承受和传递载荷,安装传动机构、电气设备和内部设备等。

城市轨道交通车辆
的机械组成部分

1. 车体的特征

（1）列车一般采用 4 节、6 节或 8 节编组形式，由头车（即带有司机室的车辆）、中间车、动车与拖车组成。

（2）对车辆质量要求较为严格，设计时要求车体轻量化，特别是高架轻轨，要求轴重小，以降低线路的工程投资。

（3）对车辆的防火、隔音、减震、隔热要求严格，尽可能保证乘客的安全。

（4）由于服务市内公共交通，因此为增加载客量和利于乘客疏散，车厢内座位较少、车门多且宽敞，一般设有残疾人轮椅停放区域等，内部服务于乘客的设备较简单。

（5）车体的外观造型和色彩与城市景观相协调。

（6）车体一般有碳素钢车体、不锈钢车体、铝合金车体三种材料。

2. 车体的结构

车体根据其结构和功能的差别，基本上可分为车辆壳体、贯通道、紧急疏散门、车门、车窗、驾驶室和内部装饰等部分。

（1）车辆壳体

车辆壳体（车体）均是由底架、车顶、左右侧墙、前后端墙等六大部件组成。车辆壳体实物图如图 4-1 所示，其部件之间的连接方式主要是手弧焊接、接触点焊、螺栓、铆钉连接等。它是保证乘客安全的主要部件，也是减轻车辆自重的关键部件。

（2）贯通道

城市轨道交通车辆在编组成列车时，可采用贯通式或非贯通式连接。为能自动调节车厢内的客流密度和空气质量，大部分城市轨道交通车辆采用贯通式连接，即在两节车厢的连接处设有贯通道，将两个车体的客室内部贯通为一体，贯通道是城市轨道交通车辆的重要部件。贯通式贯通道如图 4-2 所示，贯通道主要由折蓬、扩墙板、过渡板和车顶板组成。

图 4-1　车辆壳体实物图　　　　　　　　　图 4-2　贯通式贯通道

（3）紧急疏散门

列车在隧道内运行时，一旦发生火灾或其他危险事故，必须紧急疏散车上的乘客。由于隧道宽度有限，因此在隧道内运行的列车在带驾驶室车辆的前端设有紧急疏散门。车辆紧急疏散门如图 4-3 所示。在紧急情况下，司机可打开紧急疏散门，将其向前放下到路基上，作为通向地面的踏板，以紧急疏散乘客。运行于地面或高架线路的列车可以不开紧急疏散门，一旦发生险情，司机可以打开列车两侧的车门来疏散乘客。

（4）车门

世界各国轨道交通车辆车门的结构和类型多种多样，但无论结构形式如何变化，地铁交通车辆的车门都应满足城市轨道交通车辆的特殊性，即车门要有足够的数量和有效宽度、车门附近要有足够的空间可以使乘客上下车的时间满足列车运行密度的要求。一般城市轨道交通车辆每节车厢两侧各均匀分布了 5 扇车门，车门的有效宽度达 1 400 mm。

图 4-3　车辆紧急疏散门

按照车门的运动轨迹以及车体的安装方式的不同，车门可分为内藏对开式双滑门、外挂式移动门、塞拉门和外摆式车门等四种类型。

① 内藏对开式双滑门简称内藏门，如图 4-4 所示。在车门开、关时，车门在车辆侧墙的外墙板与内饰板之间的夹层内移动。

② 外挂式移动门，如图 4-5 所示。外挂式移动门与内藏对开式双滑门的主要区别是车门和悬挂机构始终位于侧墙的外侧，车门传动机构的工作原理与内藏对开式双滑门完全相同。

③ 塞拉门，如图 4-6 所示。塞拉门是车门在开启状态时贴靠在侧墙外侧的车门。

④ 外摆式车门。外摆式车门在车门开启时，通过转轴和摆杆向外摆出并贴靠在车体的外墙板上，门关闭后，车门外表面与车体成一个平面。这种车门结构的特点是车门在开启的过程中需要较大的摆动空间。

图 4-4　内藏门

图 4-5　外挂式移动门

图 4-6　塞拉门

　　车门尽管类型多种多样，但基本上都是由驱动系统、机械传动系统、门叶、电气控制系统四部分组成的。其工作原理为：电气控制系统带动驱动系统动作，通过机械传动系统带动门叶在上下导轨中同步反向移动，实现车门的开、关动作。

　　（5）车窗

　　车窗的基本形式是完全密封、无法打开的。车窗玻璃为双层中空玻璃，具有良好的隔热、隔噪效果。玻璃周边镶有环形氯丁橡胶条，玻璃借助环形氯丁橡胶条直接嵌入和装配在侧墙上，车窗无窗框。

　　先进的城市轨道交通车辆由于采用的是模块化设计，大多采用连续式车窗，即在两个客室车门之间的整个侧墙上半部分均为玻璃，起到装饰车体外部的作用。但除车窗玻璃的部位之外，其他部位的玻璃为黑色。黑色玻璃的内面为铝质窗间板，因此乘客在车内看到的通常是内饰板，不能通过此处看到车外。

　　（6）驾驶室

　　不同车型的驾驶室内的设备布置略有差异，但都遵循一定的规律，一般由驾驶台、驾驶室侧门、紧急疏散门、通道门、驾驶室座椅、电气控制柜等组成。驾驶室如图 4-7 所示。

　　（7）内部装饰

　　内部装饰一般是指车辆壳体以内的内墙板、内顶板、地板、座椅、扶手及立柱等。车辆内部装饰如图 4-8 所示。内部装饰不仅要求具有良好的隔热、隔噪性能，而且要求内部装饰表面美观、色彩新颖，为乘客营造舒适、温馨的乘车环境。

图 4-7　驾驶室

图 4-8　车厢内部装饰

二、转向架

　　转向架是支撑车体、并担负车辆沿轨道走行的支撑走行装置，是车辆非常重要的组成部件。转向架的结构和各部位的参数是否合理将直接影响车辆的运行效果、动力性能和行车安全。

1. 转向架的作用

（1）支撑车体，承受并传递从车轮到轮对之间或从轮轨到车体之间的各种载荷及作用力，并使轴重均匀分配。

（2）保证在正常运行条件下，车体都能可靠地坐落在转向架上。转向架通过轴承装置使车轮沿着钢轨的滚动转换为车体沿着线路运动的平动。

（3）保证车辆安全运行，能灵活地沿直线线路运行及顺利地通过曲线线路。

（4）安装有弹簧减震装置，使转向架具有良好的减震特性，缓和车辆与线路之间的作用，减小震动和冲击，提高车辆运行的平稳性和安全性。

（5）安装有制动装置，并充分利用轮轨之间的黏着传递牵引力和制动力。

（6）转向架是车辆的一个独立部件，可拆卸和维修。在转向架与车体之间应尽可能减少连接部件。转向架的结构比较简单。

2. 转向架的组成

由于车辆的用途、运行条件及要求不同，因此转向架的结构也有所差异。转向架基本组成如图 4-9 所示。

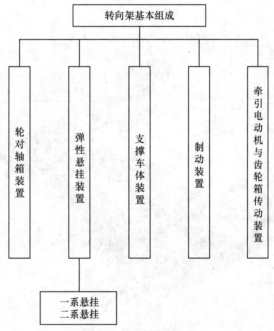

图 4-9　转向架基本组成

转向架一般分为动车转向架、拖车转向架两种。二轴动车转向架基本结构一般由空气弹簧、制动管路、制动盘、齿轮箱、焊接结构、一系悬挂、轮对、横向档等组成，如图 4-10 所示。

（1）轮对轴箱装置

轮对由一根车轴和两个相同的车轮组成。轮对沿着钢轨滚动，除传递车辆质量外，还传递轮轨之间的各种作用力，包括牵引力和制动力。

（2）构架

构架是转向架的基础，它把转向架的零部件组成了一个整体。它不仅承受和传递各种作用力和载荷，而且它的结构形状、尺寸大小都应满足各零部件的结构、形状和组装的要求，如制动夹钳安装座、纵向梁及横向挡座、齿轮箱吊杆座等安装的要求等，如图 4-11 所示。

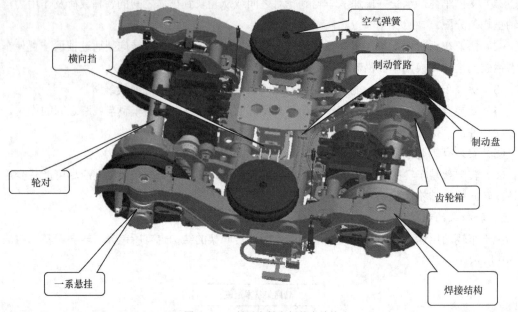

图 4-10　二轴动车转向架基本结构

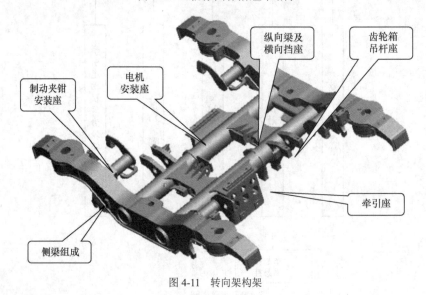

图 4-11　转向架构架

3. 弹性悬挂装置

转向架在轮对与构架之间或者在构架与车体之间，为减少线路的不平顺和轮对运动对车体的各种动态影响（如轨隙、道岔、轨面的缺陷和磨耗以及车轮跳面的斜度、擦伤和轮轴等原因造成的垂向震动、横向震动等），设置了一系和二系两种弹性悬挂装置。

（1）一系悬挂：采用螺旋弹簧、圆锥弹簧、人字形橡胶弹簧来起到衰减垂向震动和轴箱的定位作用。

（2）二系悬挂：由中央牵引装置、空气弹簧、自动高度调整阀、二系横向油压减振器、调整杆等组成，如图 4-12 所示。

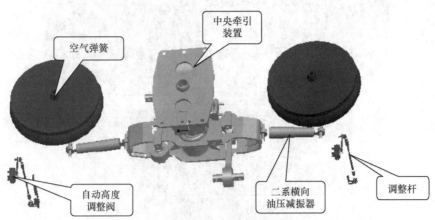

图 4-12　二系空气弹簧悬挂

4. 中央牵引连接装置

中央牵引连接装置是车体与转向架的联结部件，其结构应能安全可靠地支撑车体，并传递各种载荷和作用力。同时，车体与转向架之间应能绕不变的旋转中心相对转动，以使车辆顺利通过曲线。

5. 制动装置

为使运行中的车辆在规定的距离内停车，必须安装制动装置，其作用是传递和放大单元制动机产生的制动力，使闸瓦与轮对或制动卡钳与制动盘之间产生摩擦力，从而使车辆承受阻力，产生制动效果。每台转向架上一般安装 4 套制动装置。

6. 牵引电动机与齿轮箱传动装置

牵引电动机、减速齿轮箱和联轴器等仅安装在动车转向架上。牵引电动机的扭矩转换为对轮对或车轮上的转矩，利用轮轨之间的黏着作用驱动车辆沿着钢轨运行。

三、车钩缓冲装置

车钩缓冲装置是城市轨道交通车辆非常基本也是非常重要的部件。它用来连接列车中各车辆，使彼此之间保持一定的距离，实现车辆之间机械、电气和气路的连接，并且传递和缓和列车在运行中或在调车时所产生的纵向力、冲击力。

1. 车钩缓冲装置的类型

城市轨道交通车辆一般都采用密接式车钩，依靠两个相邻车辆钩头上的凸锥和凹锥口互相插入，起到紧密连接作用。

车钩缓冲装置可以分为以下三种类型。

（1）全自动车钩。它能实现列车机械、风管（气路）和电气回路的自动连接，如图 4-13 所示。

（2）半自动车钩。它能实现列车机械、风管的完全自动连接和分解，但电路连接与分解需要人工完成，如图 4-14 所示。

（3）半永久车钩。它是指列车机械、风管和电气回路的连接和分解都需要人工手动操作完成，一般只有在架修以上作业时才进行分解。半永久车钩如图 4-15 所示。

图 4-13　全自动车钩

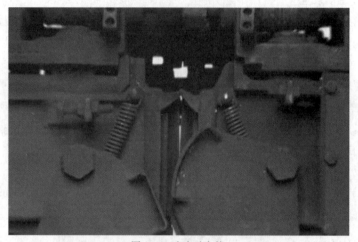

图 4-14　半自动车钩

图 4-15　半永久车钩

2. 车钩缓冲装置的组成

城市轨道交通车辆车钩缓冲装置主要由钩头、缓冲装置、对中装置、钩尾冲击座四大部分组成。

（1）钩头

钩头由机械钩头、电气连接箱和气路连接器三部分组成。机械钩头部分居中，电气连接箱分别在左、右两侧，钩头中心线下方设有气路连接器。

（2）缓冲装置

缓冲装置的作用是缓和列车在运行中因牵引力的变化，或在起动、制动及调车连挂时，车辆相互碰撞而产生的纵向冲击的震动。

（3）对中装置

对中装置分为水平对中装置和垂直对中装置。水平对中装置大都采用气动对中装置。气动对中装置安装在钩尾座的下方，左右各设有一个对中汽缸，一个能旋转的凸轮板依靠两个销轴安装在对中装置部件内的中心轴上。它的活塞头部安装有一个水平滚轮，当汽缸充气活塞向外伸出时，能自动嵌入固定在球铰座下方的一块桃子形凸轮板的左、右两个缺口内，从而达到使车钩自动对中的目的，也就是使车钩缓冲装置的中心线与车体中心线在一个垂直平面内，以便使两个钩头对准对方车钩的钩坑。

（4）钩尾冲击座

钩尾冲击座通过过载保护螺栓与车体牵引梁紧密结合，它用鼓形套筒来避免超过允许的载荷加载到车体上。

3. 车钩缓冲装置的配置

车钩缓冲装置安装在车厢端部的底架上。根据车辆连挂要求，车辆不同部位会装配不同类型的车钩缓冲装置。6节编组的城市轨道车辆编组示意图如图4-16所示。

图4-16　6节编组的城市轨道车辆编组示意图

其编组表示形式为-A==B**C==C**B==A-。在 Tc 车驾驶室端安装全自动车钩，便于两列车在救援或调车时能够快速连挂和分解，并能实现连挂列车间的电气控制。两节 M 车之间以及 Tc 车和 Mp 车安装半自动车钩，便于车辆检修时连挂、分解及重新编组。其他各车辆之间的车钩连挂和分解频率比较低，一般安装半永久车钩。

全自动车钩（-）：表示机械、气路、电路自动连接。

半自动车钩（=）：表示机械、气路自动连接，电路人工连接。

半永久车钩（*）：表示机械、气路、电路人工连接。

四、制动装置

制动装置是保障列车安全可靠运行的必要手段。驾驶员操纵列车减速或在规定的距离内停车，这一过程称为制动。为实现制动，在机车（多在头车）车辆上装设的由一整套零部件组成的装置，称为制动装置。

1. 制动装置的特点

城市轨道交通一般站间距离较短，调速及制动频繁，所以列车在正常运营时，为提高行车速度，列车必须起动快、制动距离短。为适应这一特点，城市轨道交通车辆制动装置必须具备以下条件。

（1）操纵灵活，制动减速度大，作用灵敏可靠，车组前后车辆制动、缓解作用一致。

（2）具有足够大的制动能力，保证轨道交通车辆能够在规定的制动距离内准确停车。

（3）具有电制动与摩擦制动配合作用的制动功能，并尽量充分发挥电制动能力，以减少对城市环境的污染和降低运行成本。

（4）制动力应能随着载荷的变化而自动调整。

（5）制动系统应具有防滑功能。

（6）为防止运行轨道交通车辆发生分离或制动系统故障等危及行车安全的事故，轨道交通车辆应具有自动施加紧急制动的功能。

2. 车辆的制动方式

城市轨道交通车辆的制动方式有两种：一是摩擦制动方式，即动能通过摩擦副的摩擦转变为热能；二是动力制动方式，即把动能通过发电机转换为电能，然后将电能从车上转移出去。

（1）摩擦制动

电动车组通过摩擦产生制动。城市轨道交通车辆常用的摩擦制动方式主要有闸瓦制动和盘形制动，在高速列车的制动系统中还有轨道电磁制动等方式。

① 闸瓦制动（又称为踏面制动）。它是最常用的一种制动方式。闸瓦制动如图 4-17 所示。制动时闸瓦压紧车轮，轮、瓦间发生摩擦，电动车组的动能大部分通过轮、瓦间的摩擦变成热能，经车轮与闸瓦最终逸散到大气中去。

② 盘形制动。盘形制动如图 4-18 所示。它有轴盘式和轮盘式之分，一般采用轴盘式盘形制动装置。当轮对中间由于牵引电动机等设备使制动盘安装发生困难时，可采用轮盘式盘形制动装置。制动时，制动缸通过制动夹钳使闸片夹紧制动盘，使闸片与制动盘之间产生摩擦，把电动车组的动能转变为热能，热能通过制动盘与闸片消散于大气。

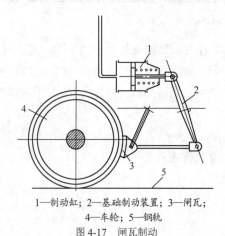

1—制动缸；2—基础制动装置；3—闸瓦；
4—车轮；5—钢轨

图 4-17　闸瓦制动

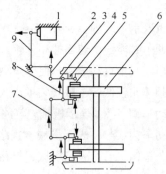

1—制动缸；2—拉环；3—水平杠杆；4—缓解弹簧；5—制动块；
6—制动盘；7—中间拉杆；8—水平杠杆拉杆；9—转臂

图 4-18　盘形制动

③ 摩擦式轨道电磁制动（又称磁轨制动）。磁轨制动如图 4-19 所示。在转向架侧架下面同侧的两个车轮之间各安置一个制动用的电磁铁（又称电磁靴），制动时将它放下并利用电磁吸力紧压钢轨，通过电磁铁上磨耗板与钢轨间的滑动摩擦产生制动力，把轨道交通车辆动能转换为热能，然后消散于大气。

（2）动力制动

动力制动在制动时，将牵引电动机变为发电机，使列车动能转换为电能，对这些电能的不同处理方式形成了不同方式的动力制动。城市轨道交通车辆上采用的动力制动形式主要有电阻制动和再生制动。

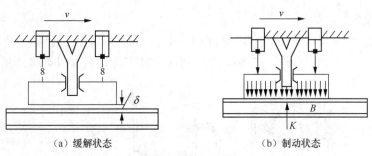

（a）缓解状态　　　　　　　　（b）制动状态

图 4-19　磁轨制动

① 电阻制动。将发电机发出的电能加于电阻器中，使电阻器发热，即将电能转变为热能，产生制动。电阻器上的热能靠风扇强迫通风而消散于大气中。电阻制动一般能提供较稳定的制动力，但车辆底架下需要安装体积较大的电阻箱。

② 再生制动。把电动车组的动能通过电动机转换为电能后，再将电能反馈回电网提供给别的列车使用。显然，这种方式既能节约能源，又能减少制动时对环境的污染，并且基本上无磨耗。因此，这是一种较为理想的制动方式。

3. 车辆的制动操纵模式

车辆的制动操纵模式主要有常用制动、紧急制动、快速制动、停放制动四种类型。

（1）常用制动

常用制动即在正常运行情况下，调节列车运行速度或使列车在预定地点停车的制动。常用制动时，首先充分利用电制动，若电制动不能满足制动需求，则由气制动加以补偿，以满足列车制动需求。

（2）紧急制动

紧急制动即在紧急情况下，使列车迅速减速并在最短距离内紧急停车的制动。紧急制动时完全利用气制动，在相同的载荷情况下，其制动力高于常用制动。列车一旦施加紧急制动，其制动指令将直至列车停止，途中不可恢复。

（3）快速制动

快速制动的制动力与紧急制动的制动力一样，但与紧急制动不同的是：快速制动时，电制动和气制动配合施加；制动过程中，驾驶员可以在任何时候撤销快速制动指令，恢复列车的正常运行。

（4）停放制动

停放制动即在列车静止停放时，为防止停放列车溜车所施加的制动。

五、制动控制系统

制动控制系统是制动装置在司机或其他控制装置（如 ATC 等）的控制下，产生、传递制动信号，并对各种制动方式进行制动力分配、协调的系统。制动控制系统主要有空气制动控制系统和电控制动控制系统两大类。当以压力空气作为制动信号传递和制动力控制的介质时，该制动装置称为空气制动控制系统，又称空气制动机。以电气信号来传递制动信号的制动控制系统称为电控制动控制系统，其制动力的来源可以是压力空气、电磁力、液压等。

空气制动机又分为直通式空气制动机和自动式空气制动机两大类。现在直通式空气制动机已不再采用。

1. 自动式空气制动机

自动式空气制动机与直通式空气制动机相比，在每辆车上多一个三通阀、一个副风缸。"三通"指的是一通列车管，二通副风缸，三通制动缸。自动式空气制动机如图 4-20 所示。

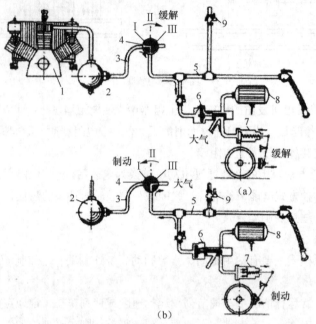

1—空气压缩机；2—总风缸；3—总风缸管；4—制动阀；5—列车管；
6—三通阀；7—制动缸；8—副风缸；9—紧急制动阀
图 4-20 自动式空气制动机

当制动阀手柄置于缓解位Ⅲ时，总风缸的风经制动阀进到列车管（充风增压），并进入三通阀，将其中的（主）活塞推至右极端（缓解位）并经三通阀活塞套上部的"充气沟"进入副风缸。此时，制动缸经三通阀（缓解槽和排气孔）连通大气。若制动缸原来在制动状态，则可得到缓解。

当制动阀手柄置于制动位Ⅰ时，列车管经制动阀连通大气（排风减压），副风缸的风压将三通阀（主）活塞推向左极端（制动位），从而打开三通阀上通往制动缸的孔路，使副风缸的风可通往制动缸，产生制动作用。

当制动阀手柄置于保压位Ⅱ时，列车管既不通总风缸也不通大气，列车管空气压强保持不变。此时，副风缸仍继续向制动缸供风，副风缸空气压强仍在下降。当副风缸的空气压强降至比列车管空气压强略低时，列车管风压会将三通阀（主）活塞向右反推至中间位置（中立位或保压位），刚好使三通阀通制动缸的孔被关闭（遮断），副风缸停止向制动缸供风，副风缸空气压强不再下降，处于保压状态，制动缸空气压强不再上升，也处于保压状态。若在制动缸升压过程中将手柄反复置于制动位和保压位，即可实现阶段制动。

由此可见，自动式空气制动机的特点是列车管排气（减压）时制动缸充气（增压），发生缓解。其优点是，当列车发生分离事故、制动软管被拉断时，列车管风压将急剧下降，三通阀（主）活塞将自动而迅速地左移到制动位，由于各车都有副风缸分别向制动缸供风，因此，制动缸动作较快。

列车前后部开始制动作用的时间差小，即制动和缓解的一致性较好，适用于编组较长的列车，因此在世界各国铁路上得到了最广泛、最持久的应用。

2. 电空制动机

电空制动机是电控空气制动机的简称，是在空气制动机的基础上加装电磁阀等电气控制部件而形成的。电空制动机如图 4-21 所示。它的特点是制动作用的操纵控制用"电控"，但制动作用原动力还是压力空气。在制动机的电控因故失灵时，它仍可实行"气控（空气压强控制）"，临时变成空气制动机。

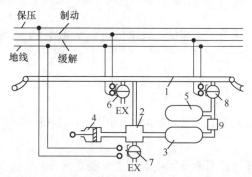

1—列车管；2—三通阀；3—副风缸；4—制动缸；5—加速缓解风缸；6—制动电磁阀；
7—保压电磁阀；8—缓解电磁阀；9—止回阀
图 4-21 电空制动机

世界上许多高速列车（速度在 200 km/h 以上）都采用了电空制动机，中国广深线准高速旅客列车（速度在 160 km/h 以上）和某些干线的提速客车也采用了电空制动机。

3. 电（磁）制动机

电（磁）制动机的操纵控制和原动力都用电。例如，轨道涡流制动和旋转涡流制动这两种制动方式，其制动机就都属于电（磁）制动（机）的范畴。

4. 真空制动机

真空制动机的特点是以大气（与真空的压差）为原动力，以改变"真空度"来操纵控制。真空制动机如图 4-22 所示。机车上装有真空泵（抽气机）、真空制动阀、真空制动主管（又称"真空列车管"）贯通全列车、每车都装有 1～2 个真空制动缸、缸的左侧有支管与主管相连通、缸内有制动缸活塞、活塞左侧装有球形止回阀。

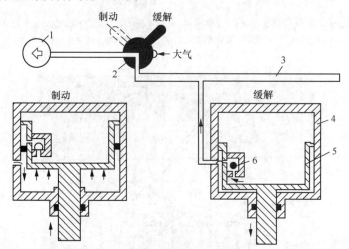

1—真空泵；2—真空制动阀；3—真空制动主管；4—真空制动缸；5—活塞；6—球形止回阀
图 4-22 真空制动机

城市轨道交通车辆除空气制动外，一般还有动力制动等其他制动方式与之配合，其制动控制系统必须能较好地协调各种制动方式的制动力大小和施加时机，因此制动控制系统也较复杂，一般由计算机系统来完成制动力的协调。

任务三　城市轨道交通车辆的电气组成部分

城市轨道交通车辆电气部分主要包括电气牵引系统、辅助供电系统、列车控制和故障诊断系统、乘客信息系统等。

城市轨道交通车辆
的电气组成部分

一、电气牵引系统

电气牵引系统包括车辆上的受流设备和各种电气牵引设备及其控制电路。

1. 受流设备

受流设备是列车将外部电源引入车辆电源系统的重要设备。根据线路供电方式的不同，列车受流设备分为集电靴和受电弓两种形式。集电靴装置主要应用于第三轨方式供电的线路，如图4-23所示。受电弓装置主要应用于以接触网方式供电的线路，如图4-24所示。

1—摇臂组件；2—锁结构；3—弹簧单元；4—气缸；5—背板组件；6—电气接头；
7—弧罩；8—摇臂；9—碳滑板；10—手柄；11—止挡；12—限位开关

图 4-23　集电靴

图 4-24　受电弓

车间电源是列车辅助的受流设备，主要为列车在检修库内整车调试或部分设备需有电检查时使用。外部电源通过电缆插头与列车车间电源插座相连，供电给列车电源系统。考虑到安全原因，车间电源与列车主受流设备之间是相互联锁的，不能同时向列车供电。车间电源只向列车辅助系统供电，一般通过隔离二极管或接触器与列车主电路隔离。车间电源由电源插座盖、电源插座、熔断器、接触器及隔离二极管组成，如图4-25所示。

图4-25　车间电源

2. 电气牵引设备及其控制电路

车辆电气牵引系统有直流电气牵引系统和交流电气牵引系统两种。最初车辆电气牵引系统采用直流牵引电机，虽然它有质量大、体积大、维修量大的缺点，但因其具有调速容易的优点，所以曾得到广泛的应用。随着电力电子技术和微电子技术的高速发展，现在采用变频调速（Variable Voltage and Variable Frequency，VVVF）技术，其效率高、性能好，目前几乎所有车辆都采用交流牵引电机和VVVF技术控制的交流电气牵引系统。

直流电气牵引系统的控制方式从凸轮变速发展到斩波调阻变速方式，它们都是把车辆动能转换的电能消耗在电阻上，存在着浪费电能的缺点。随着电子技术的发展，直流电气牵引系统的控制方式发展为微机控制的斩波调压变速方式，可将车辆动能转换的电能存储在电抗器再反馈到电网。直流斩波调压变速方式的主要优点是：只有在列车电制动电网不能吸收再生电能时才由电阻消耗电能，节约能量；电机的电流波动小，提高了黏着能力；结构简单，便于检修。

车辆交流电气牵引系统的控制方式是采用微机控制的交流调频调压技术。牵引逆变器主要由输入滤波器、三相逆变线路制动斩波线路和控制线路组成。交流调频调压变速控制的优点是：采用交流异步牵引电机和VVVF无接点控制，维修量大大减少；电气牵引系统小型轻量化，减少质量；黏着性能好，提高了黏着能力。

二、辅助供电系统

城市轨道交通车辆上的辅助设施，如车厢通风空调及牵引等系统设备的通风和空气压缩机电机、照明（采用交流电源）等交流负载，以及乘客信息系统、列车控制系统、车辆及其子系统控制系统、电动车门驱动装置、蓄电池充电器、照明（采用直流电源）等交流负载，都是由车辆辅助供电系统供给电能的。

辅助供电系统主要由辅助逆变器、充电器、蓄电池三大部分组成。

1. 辅助逆变器

列车主要通过辅助逆变器来输出三相交流电供辅助电机工作，同时再经过整流输出直流电供列车蓄电池及应急电池充电使用。对于采用交流供电的照明系统，逆变器还负责向照明系统供电。

列车辅助逆变器的工作原理与主电路变流用逆变器是一致的，只是辅助逆变器的供电频率及幅值是固定的，其控制相对主逆变器较简单。

辅助逆变器的控制单元与牵引系统的控制单元一样，采用模块化设计，分电源、输入和输出模块及中央处理器模块几部分。

2. 充电器

充电器主要输出 DC110 V 电能给车辆控制等直流负载供电。

3. 蓄电池

蓄电池是车辆辅助供电系统的低压直流备用电源，在辅助静态逆变器正常工作时处于浮充电状态；在网压供电或辅助静态逆变器发生故障、不能正常工作时，作为紧急电源向车辆辅助直流紧急负载，如车厢紧急通风、紧急照明、各控制系统进行供电。目前，列车通常使用碱性镉镍电池。镉镍电池具有环保、充放电循环周期高达数千次、自放电小、低温性能好、耐过充能力强等优点，因此列车通常使用镉镍电池作为蓄电池。蓄电池可分为有极板盒式电池、开口烧结式、圆柱密封电池及全密封电池几种形式。有极板盒式电池是各种类型镉镍电池中发展最成熟的一种电池，其特点为牢固，可靠，寿命长，可在很宽的温度范围内使用，有良好的电荷保持能力，可以在任何条件下长期存储而无损坏，成本比其他镉镍电池低很多，适合放电率不高的场合。从有极板盒式电池的特点来看，有极板盒式电池基本能满足列车使用需要。

三、列车控制和故障诊断系统

现代化的城市轨道交通车辆，列车、车辆及车辆主要系统都采用微机进行自动控制。微机控制系统还有自我监控和诊断功能，能够对列车主要设备的运行状态和故障自动进行信息采集、记录和显示。使用微机控制设备的监控和诊断系统还能够用手提数据收集器通过列车上的 USB 维修接口来收集所有各种有关数据，同时也能在各系统微处理器的本地维修接口收集到相关数据，所收集数据的种类和精确度能满足维修和分析故障的需要。

四、乘客信息系统

城市轨道交通车辆乘客信息系统能够向乘客提供列车运行信息、安全信息和其他公共信息，如列车的终点站、停车车站、换乘信息等；在列车发生故障或事故时，能够向乘客提供回避危险的指挥、指导信息等。乘客信息系统包括广播列车运行线路电子显示图、LED 显示器、VCD 显示器，以及各种文字、图示固定信息。向乘客播报和显示的各种形式的信息应简洁、明了，还要正确并同步，避免对乘客造成误导。

项目拓展

未来地铁列车横空出世，高端大气高科技

2018 年 9 月 18 日下午，在德国举行的柏林国际轨道交通技术展上，中国中车集团有限公司（简称中国中车）正式发布新一代碳纤维地铁车辆“CETROVO”。

该车是中国的全新一代地铁车辆，采用大量先进的新材料、新技术研制，在节能环保舒适、智能等方面相比传统地铁车辆实现了全面升级，是中国地铁领域的最新技术成果，代表着未来地铁车辆的技术潮流。

新一代地铁车辆长什么样？有什么“黑科技”？将带来怎样的乘坐新体验呢？

（1）采用碳纤维技术，整车“瘦身”13%。相较传统地铁车辆，新一代地铁车辆最大的特点是更轻、更节能。轻量化，即尽可能地减轻自身质量，是地铁车辆实现节能的一个主要途径。碳

纤维复合材料作为一种新材料，被称为"轻量化之王"，其轻质、高强度的优点为列车轻量化提供了绝佳的解决方案。

（2）车厢会"变身"，适用性更强。与传统地铁车辆相比，新一代地铁车辆拥有更强的适用性，在运营组织上更加灵活，并能适应更复杂的运行环境。

目前，中国的地铁车辆都是固定编组，车厢的节数是不可变的。新一代地铁车辆首次开发了"灵活编组"功能，列车以 2 节为最小的编组单元，能够根据运营需求实现"2+N"节灵活编组，在 2～12 节范围内任意搭配车厢，并且完成"变身"只需不到 5 min。新一代地铁车辆外观如图 4-26 所示。

图 4-26　新一代地铁车辆外观

（3）跑得更稳，乘坐更舒适。新一代地铁车辆采用先进的减振降噪技术，乘坐更舒适。列车运行时，轨道不平顺会引起车厢振动，需要通过转向架上的悬挂系统来减振。传统地铁车辆的悬挂系统不可调节，称为被动悬挂。新一代地铁车辆首次采用全主动悬挂技术，在行驶途中，当车厢产生振动时，能够立刻探测到，并对悬挂系统的阻尼进行动态调整，使悬挂系统时刻处在最佳的减振状态，从而使地铁车辆"跑得更稳"。

（4）智慧列车，车窗上刷视频。应用现代智能化技术，新一代地铁车辆还是高度智能的"智慧列车"。置身车厢，将感受到无处不在的"智慧服务"。车辆内部车窗如图 4-27 所示。

图 4-27　车辆内部车窗

项目操作

1. 列举城市轨道交通车辆的组成部分，并说明其功能。
2. 比较城市轨道交通车辆的制动方式。

项目考核

1. 城市轨道交通车辆选用要素有哪些？
2. 城市轨道交通车辆车体结构有哪些？
3. 转向架的作用是什么？
4. 转向架有哪几部分组成？
5. 车钩缓冲装置有哪 3 种类型？
6. 城市轨道交通车辆电气部分主要包括哪些？

项目五
城市轨道交通供配电系统

学习目标

- 能够正确描述变电所（室）的分类及各自的特点
- 能够说出变电所（室）的电气设备
- 能够分析接触网的结构形式及供电方式
- 能够说出远动监控的概念和结构

思维导图

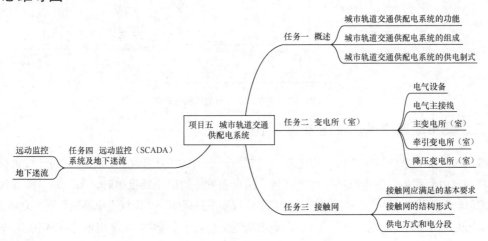

项目导学

　　城市轨道交通供配电系统是指通过电力系统经高压输电网输电、主变电所（室）降压、配电网络和牵引变电所（室）降压等环节，向城市轨道交通列车输送电力的系统。

任务一　概述

一、城市轨道交通供配电系统的功能

　　电能是城市轨道车辆电力牵引系统必需的能源，电动车辆以及为轨道交通运营服务的机电设备，包括通风、空调、照明、通信、信号、给排水、防灾报警、电梯等设备也都依赖并消耗电能。在城市轨道交通运营中，供电一

概述

且中断，不仅会造成城市轨道交通运营瘫痪，而且还有可能危及旅客生命安全，造成财产损失。因此，高度安全、可靠而又经济合理的电力供给是城市轨道交通正常运营的重要条件和保证。

城市轨道交通供电电源一般取自城市电网，通过城市电网一次电力系统和轨道交通供电系统实现输送或变换，最后以适当的电压等级、一定的电流形式（直流或交流电）供给用电设备。

城市电网一次电力系统由国家电力部门建造与管理，它包括发电厂、传输线、区域变电站。发电厂是发出电能的中心，一般可分为火力发电厂、水力发电站和原子能核电站等。发电厂的发电机发出的电能，要先经过升压变压器升高电压，然后以 110 kV 或 220 kV 的高压通过三相传输线输送到区域变电站。

在区域变电站中，电能先经过降压变压器把 110 kV 或 220 kV 的高压降低电压等级（如 10 kV 或 35 kV），再经过三相输电线输送给本区域内的牵引变电站和降压变电站，并再降为轨道交通所需的电压等级（如 1 500 V、380 V 等）。图 5-1 所示为城市电网一次电力系统和地铁供电系统示意图。

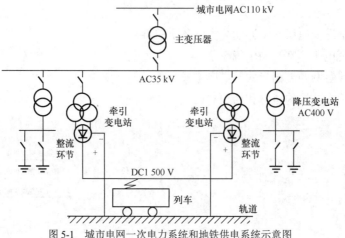

图 5-1　城市电网一次电力系统和地铁供电系统示意图

二、城市轨道交通供配电系统的组成

城市轨道交通系统是一个重要用电部门，它不同于一般工业和民用的用电，为一级负荷。一级负荷规定由两路独立的电源供电，当任何一路电源发生故障中断供电时，另一路应能保证一级负荷的用电。牵引变电站的电源进线应来自两个区域变电站或同一个区域变电站的两路独立电源，当一路电源失压时，另一路电源自动投入。在城市轨道交通供电系统中，根据用电性质的不同可分为两部分，即以牵引变电站为主的牵引供电系统和以降压（动力）变电站为主的动力照明供电系统。

1. 牵引供电系统的功能

以地铁为例，地铁牵引供电系统示意图如图 5-2 所示，其部分的名称及功能简述如下。

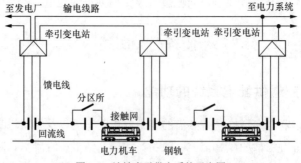

图 5-2　地铁牵引供电系统示意图

（1）牵引变电站。是供给地铁一定区段内牵引电能的变电站。

（2）接触网（架空线或接触轨）。是经过电动列车的受电设备向电动列车供给电能的导电网（北京、天津地铁采用接触轨，上海地铁采用架空线）。

（3）回流线。是用以供牵引电流返回牵引变电站的导线。

（4）馈电线。是从牵引变电站向接触网输送牵引电能的导线。

2．动力照明供电系统的功能

地铁动力照明供电系统示意图如图 5-3 所示。其部分功能简述如下。

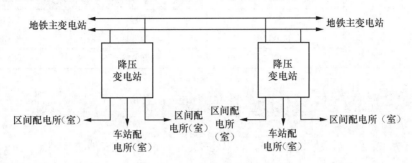

图 5-3　地铁动力照明供电系统示意图

（1）降压变电站。将三相电源进线电压降压，变为三相 380 V 交流电。降压变电站的主要用电设备是风机、水泵、照明设备、通信信号设备和防火报警设备等。

（2）配电所（室）。配电所（室）仅起到电能分配作用。降压变电站通过配电所（室）将三相 380 V 和单相 220 V 交流电分别供给动力、照明设备，各配电所（室）对本车站及其两侧区间的动力和照明等设备配电。

在动力供电系统中，降压变电站一般每个车站设置一个，有时也可几个车站合设一个；也可将降压（动力）变压器附设在某个牵引变电站之中，构成牵引与动力混合变电站。

地铁车站及区间照明电源采用 380 V/220 V 系统配电。正常时，工作照明、事故照明均由交流供电；当交流电源断开时，事故照明自动切换为蓄电池供电，确保事故期间必要的紧急照明。

在地铁供电系统中，根据实际需要，也可以专设高压主变电站。发电厂或区域变电站对地铁主变电站供电，经主变电站降压后，分别以不同的电压等级对牵引变电站和降压变电站供电，这种供电方式称为集中式供电方式，上海地铁就是采用这种供电方式的。牵引变电站的设置和容量应按运行的列车编组及行车密度进行牵引供电计算后确定，降压变电站的设置和容量可根据动力用电量确定，若有主变电站，其容量应由全部牵引和动力用电量来确定。也可以不设地铁主变电所，由城市电网中的区域变电所直接对地铁牵引变电所和降压变电所供电，这种供电方式称为分散式供电方式，北京、天津地铁就是采用这种方式的。

三、城市轨道交通供配电系统的供电制式

电力牵引用于轨道交通系统已有 100 多年的历史，随着经济和科学技术的不断发展，用于轨道交通的电力牵引方式有许多不同的制式出现。这里所说的制式是指供电系统向电动车辆或电力机车供电所采用的电流和电压制式，如直流制或交流制、电压等级、交流制中的频率（工频或低频）以及交流制中是单相或三相等。

城市轨道交通采用直流供电，直流电适合于电气牵引的调速要求，而且直流牵引接触网结构

简单，建设投资少，电压质量高。国际电工委员会（International Electrotechnical Commission，IEC）拟定的地铁电压标准为 DC750 V、DC1 500 V 和 DC3 000 V 这三种，IEC 索引用电压标准见表 5-1。中国国家标准采用 DC750 V 和 DC1 500 V 两种。北京轨道交通采用 DC750 V 供电电压，上海、广州、南京、深圳等城市轨道交通采用 DC1 500 V 供电电压。

表 5-1　　　　　　　　　　　　　　IEC 牵引用电压标准

直流系统	电压		
	标准	最低	最高
	750 V	500 V	900 V
	1 500 V	1 000 V	1 800 V
	3 000 V	2 000 V	3 600 V

任务二　变电所（室）

地铁变电所（室）一般沿地铁线设置，可以建在地下，也可以建在地面。地铁变电所（室）尤其是地下变电所（室）在防火方面都有一定的要求，其防火措施主要应从结构与建筑材料以及变电所（室）的电气设备本身的不燃性等方面来考虑，同时应装设自动消防报警装置、防火门和防火墙等隔离设施和有效的灭火系统。地铁变电所（室）分为三种基本类型：高压主变电所（室）、牵引变电所（室）和降压变电所（室）。地铁变电所（室）是由各种不同用途的电气设备按照一定的电气主接线连接构成的。地铁变电所（室）中的各种电气设备、各种电气主接线和三种基本类型的变电所（室）基本情况简介如下。

变电所（室）

一、电气设备

地铁变电所（室）中的主要电气设备的作用及概况如下。

（1）变压器。是一种传送和交换交流电能的静止装置。变压器按功能分为升压变压器、降压变压器；按相数分为单相、三相、多相变压器；按绝缘方式分为干式、浇筑式、油浸式变压器等。图 5-4 所示为三相干式整流变压器。

（2）断路器。是一种对电路进行控制（开断、关合）和保护的高压电器开关，用于自动切断负载电流和短路电流。断路器按绝缘方式和熄弧介质分为油断路器、六氟化硫断路器、真空断路器、空气断路器等。图 5-5 所示为万能式空气断路器。

（3）隔离开关。是一种没有熄弧装置的高压电器，它不能切断负荷电流和短路电流，可在无负荷电流时接通和断开电

图 5-4　三相干式整流变压器

路，断开时能起到隔离电压的作用，为运行、操作和检修提供方便和安全。图 5-6 所示为隔离开关。

（4）母线。是一种汇总和分配电能的导电线。室外常用软质母线，如钢芯铝绞线；室内则采用硬质母线，如铝排。母线常用颜色标记识别，在三相交流系统中，A 相用黄色表示，B 相用绿色表示，C 相用红色表示；在直流系统中，正极用红色表示，负极用蓝色表示，零线及接地线用黑色表示。

（5）熔断器。是一种过负荷和短路电流导致熔体发热熔断的保护电器。

（6）电压互感器。又称压变，是电气测量、控制和保护回路用的变压器。

图 5-5　万能式空气断路器

图 5-6　隔离开关

（7）电流互感器。又称流变，是电气测量、控制和保护调路用的变流器。

（8）避雷器。是防止从线路侵入的雷电波损坏电气设备绝缘的保护电器。

（9）整流器。是一种与牵引变压器组合成整流机组的电流变换器。

地铁变电所（室）中除主要电气设备之外，还有各种电气设备的保护装置、电量（电压、电流等）的计量仪表和蓄电池室。蓄电池作为事故照明的备用电源和变电所（室）开关设备的操作电源，事故照明平时由交流电供电，当交流电源断开时，事故照明自动切换至蓄电池供电，以保证紧急情况下，对车站和变电所（室）提供必需的照明。根据防火的要求，各类变电所（室）内外的连接导线应该尽可能选用阻燃型电线、电缆。为对变电所（室）的火灾采取及时而有效的措施，变电所（室）内的所有开关（断路器）在火灾情况下应能自动跳闸。此外，还应设置有效的灭火设备。

二、电气主接线

1. 电气主接线的组成和功能

变电所的电气主接线是指由变压器、断路器、隔离开关、母线等及其连接导线所组成的接收和分配电能的电路。电气主接线反映了变电所（室）的基本结构和功能。

2. 电气主接线的种类

电气主接线的种类主要分为单母线型主接线、双母线型主接线和桥型主接线三种。

（1）单母线型主接线

图 5-7 所示为单母线及改进型主接线。

单母线型主接线的特点如下。

① 接线简单，设备少，费用低。

② 每一个回路均由断路器切断负载电流与短路电流，断路器两侧隔离开关可使断路器与电源隔离，保证维修人员操作安全。

③ 母线发生故障时，全线停电。

④ 单母线型主接线改进型，是在母线中加装一个母线断路器（MD）或隔离开关，将母线分段，提高供电检修的灵活性，又称单母线分段主接线。

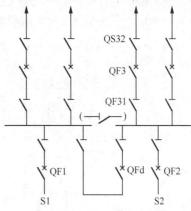

图 5-7　单母线及改进型主接线

（2）双母线型主接线

图 5-8 所示为双母线型主接线。

双母线型主接线的特点是在单母线型主接线基础上加装一套母线，使故障检修时可以缩短停电时间。

（3）桥型主接线

采用两条电源进线和两台变压器，在电源进线间用横向母线及断路器或隔离开关连接。如果桥接母线在变压器外侧，当桥接母线在进线断路器内侧时，成为内桥接线；当桥接母线在进线断路器外侧时，成为外桥接线。桥型主接线如图 5-9 所示。

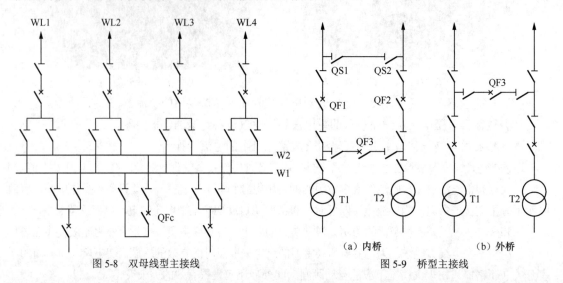

图 5-8　双母线型主接线

图 5-9　桥型主接线

桥型主接线的特点是：正常运行时，两台变压器并列运行，桥接母线断路器或隔离开关全部闭合；当两台变压器分别工作时，则母线断路器或隔离开关断开；当一路故障时，可切换线路，使两台变压器均由正常工作的一路提供电源。

三、主变电所（室）

主变电所（室）是由上一级的城市电网区域变电所获得高压（如 110 kV 或 220 kV）电能，经其降压后以中压电压等级供给牵引变电所（室）和降压变电所（室）电能的一种地铁变电所（室）。为保证地铁牵引等一级负荷的用电，应设置两座或两座以上的主变电所（室）。另外，任一主变电所（室）停电并且另一主变电所（室）一路电源进线失压时，可切除地铁供电系统中属于二、三级负荷的用电，以保证全部牵引变电所（室）不间断地供电，使电动列车仍能继续运行。图 5-10 所示为三级电压制集中供电方式结构示意图。

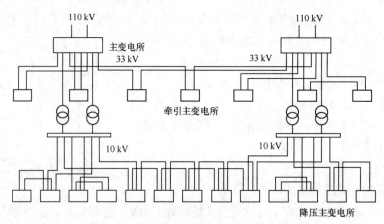

图 5-10　三级电压制集中供电方式结构示意图

四、牵引变电所（室）

牵引变电所（室）从城市电网区域变电站或地铁主变电所（室）获得电能，经过降压和整流变成所需要的直流电。牵引变电所（室）的容量和设置距离是根据牵引供电计算的结果作经济、技术比较后确定的，一般设置在沿线若干车站及车辆段附近，相邻牵引变电所（室）之间的距离为 2～4 km。每个牵引变电所按其所需总容量设置两组整流机组并列运行，沿线任一牵引变电所故障解列时，由两侧的相邻牵引变电所共同承担全部牵引负荷。

五、降压变电所（室）

在整个地铁系统的运行中，要保证地铁车站的环境正常和地铁系统的控制稳定，就需要设置各种用电设备，如通风、给排水泵、自动扶梯等动力设备以及照明（包括事故照明）、通信、信号等，这些用电设备大都使用三相 380 V 或 220 V 交流电。降压变电所（室）的作用就是从城市电网区域变电站或主变电站获得电能并降压变成低压交流电，然后再经过下设的配电所（室）分配给各种动力和照明等设备用电。动力和照明等设备大部分集中在车站，也有一部分分散在区间隧道内。因此，一般在车站附近设置降压变电所（室）和配电所（室），由它们对车站和两侧区间隧道进行供电和配电。此外，车辆段和系统控制中心也需要经专设的降压变电所（室）供电。

图 5-11 所示为城市轨道交通牵引供电系统构成示意图。

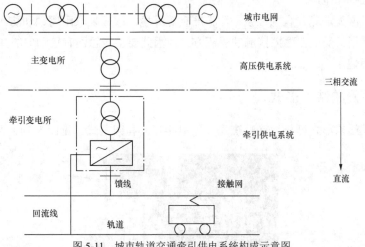

图 5-11　城市轨道交通牵引供电系统构成示意图

任务三　接触网

在地铁列车运行过程中，电能从牵引变电所经馈线送到接触网，然后从接触网通过地铁列车的受电设备送到电动列车，再经过走行轨、回流线流回到牵引变电所。电动列车的受电路径如图 5-12 所示。

由接触网、馈线、走行轨和回流线组成的供电网络总称为牵引网。接触网是牵引网中最主要的组成部分，其作用是通过它与受电设备可靠的直接滑动接触，将电能不断地传送到电动列车，保持电动列车的正常运行。

接触网

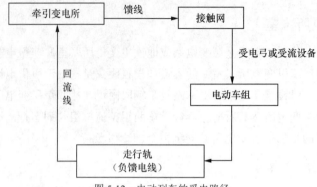

图 5-12　电动列车的受电路径

一、接触网应满足的基本要求

接触网是牵引供电系统的重要组成部分，一旦损坏将中断牵引供电。为此，接触网应满足以下基本要求。

（1）由于接触网在工作中无备用网，因此要求接触网强度高且安全可靠。

（2）要求接触网在各种气候条件下均能受流良好。

（3）由于接触网部件更换困难，因此要求接触网性能好、运行寿命长。

（4）因接触网维修是利用行车中的间隔时间进行的，故要求其结构轻巧、零部件互换性强，以便于施工、维护和抢修。

（5）因接触网无法避开腐蚀性强、污秽严重等环境，故应采取耐腐蚀和防污秽技术措施。

（6）由于采用与受电器摩擦接触的受流方式，因此要求接触网有较均匀的弹性、接触线等部位有良好的耐磨性。

二、接触网的结构形式

接触网按其结构形式可分为接触轨式（见图 5-13）和架空式（见图 5-14）两大类型。

1—集电靴；2—接触轨
图 5-13　接触轨式接触网

1. 接触轨式接触网

接触轨是沿着走行轨一侧平行铺设的附加第三轨，故又称第三轨。轨道交通电动列车（车辆）侧面或底部伸出的受电器与第三轨接触取得电能，这种受电器称为集电靴（接触靴）。接触轨可分为上磨式、下磨式和侧磨式三种，接触轨结构图如图 5-15 所示。

上磨式接触轨安装在专用绝缘子上，工字形轨底朝下，接触靴自上方与之接触受电；下磨式接触轨底朝上，由绝缘体紧固在弓形肩架上，肩架固定装在轨枕一侧。上磨式的优点是固定方便，缺点是接触靴在其上面滑行，无法加防护罩。下磨式的优点是可以加防护罩，对工作人员来说较为安全。

图 5-14　架空式接触网

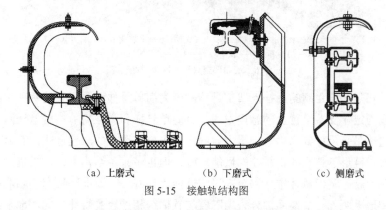

（a）上磨式　　　　　（b）下磨式　　　　　（c）侧磨式

图 5-15　接触轨结构图

　　地铁 DC750 V 系统一般可采用第三轨。中国北京和天津的地铁采用第三轨。其优点是隧道净空高度低、结构简单、造价低；其缺点是人身和防火方面安全性差，难以与采用架空式接触网的地面或高架铁道衔接。

　　2. 架空式接触网

　　架空式接触网是架设在轨道上部的接触网，电动列车上部伸出的受电弓与之接触取得电能。架空式接触网在地面上与在地下隧道内的架设方式是不同的，因此它又可分为地面架空式接触网和隧道架空式接触网。

　　（1）地面架空式接触网

　　地面架空式接触网由以下几个部分组成，其组成结构图如图 5-16 所示。

　　① 接触悬挂。包括承力索、吊弦、接触线。与电动列车受电弓直接接触的是接触线，有多种接触悬挂方式。

　　② 支持装置。用以支持接触悬挂并将其负荷传给支持或其他建筑物的结构，包括平腕臂、斜腕臂、水平拉杆和棒式绝缘子。

　　③ 定位装置。包括定位管，其作用是保证接触线与受电弓的相对位置在规定范围内。

④ 支柱和基础。用以承受接触悬挂和支持装置的负荷，并将接触悬挂固定在规定高度。

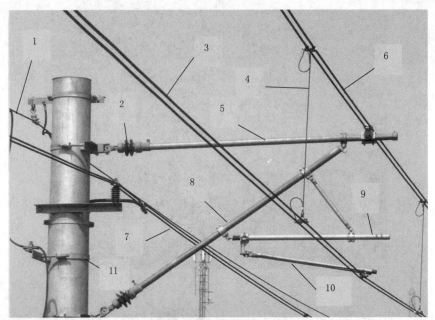

1—地线；2—棒式绝缘子；3—接触线；4—吊弦；5—平腕臂；6—承力索；7—馈线；
8—斜腕臂；9—水平拉杆；10—定位管；11—支柱
图 5-16　地面架空式接触网组成结构图

接触悬挂是相隔一定距离的悬挂点架空悬挂，分为简单悬挂和链形悬挂两种。简单悬挂是一种直接将接触线固定在支持装置上的悬挂方式，有简单悬挂和弹性简单接触悬挂两种形式。链形悬挂是接触线通过吊弦悬挂到承力索、承力索固定在支持装置上的悬挂方式，有简单链形和弹性链形等多种形式。链形悬挂比简单悬挂的性能要好，但也带来了结构复杂、投资大、施工和维修调整较为困难等问题。链形悬挂中，以全补偿的性能为最好。上海地铁架空接触网柔性悬挂结构形式，分地面和地下两部分，地面部分采用腕臂与软横跨相结合的悬挂形式，地下部分采用弹性支架悬挂形式。地面主线采用简单全补偿链形悬挂，双接触网线、双构承力索分别安装在各自电杆上的自动张力装置上进行补偿，使承力索、接触网导线在整个工作温度范围内承受固定张力；在多轨区采用软横跨悬挂接触网，并安装由黄铜线构成的上、中、下部定位绳，馈线与正线接触网并联敷设，以得到所需的载流量；接地线采用架空敷设。

（2）隧道架空式接触网

隧道架空式接触网的悬挂与地面架空式有所不同。一方面，隧道内不能立支柱，支持装置直接设置在洞顶或洞壁；另一方面，又必须考虑隧道断面、净空高度、带电体对接地体的绝缘距离、导线的弛度等因素的限制。根据隧道断面和净空高度不同，接触悬挂有多种不同的方式。在隧道内，车辆限界、带电体与接地体的绝缘距离、弛度和安装误差等因素对接触悬挂高度有影响。在有限的净空高度内，欲使悬挂高度降低，可通过缩短跨距、减小弛度来实现。在有条件采用简单链形悬挂的隧道内，也可采用简单链形悬挂，以增加弹性，用具有张力补偿作用的装置来实现张力补偿，以减小弛度及其变化。架空式接触网又可分为柔性接触和刚性接触。隧道架空式接触网示意图如图 5-17 所示。

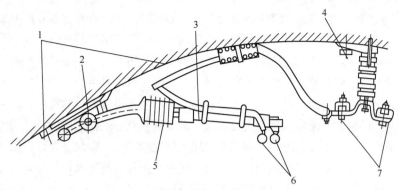

1—隧道拱顶；2—弹性支架；3—调节臂；4—接地线；5—绝缘子；6—接触线；7—馈线

图5-17 隧道架空式接触网示意图

三、供电方式和电分段

牵引变电所是通过接触网向电动列车供电的。每个牵引变电所仅对其两侧的区间供电，供电距离过长，牵引电流在牵引网上的压降也就过大，会使末端电压过低及牵引网上电能损耗过大；供电距离过短，将使牵引变电所数目增多，投资也将增加。供电距离以及接触线截面等与接触网供电方式有关。牵引变电所向接触网供电的方式有两种：单边供电和双边供电。地铁接触网在每个牵引变电所附近断开，分成两个供电分区，每个供电分区也称为一个供电臂，如电动列车只从所在供电臂上的一个牵引变电所获得电源，则称为单边供电。两个供电分区通过开关设备，在电路上连通，两个供电分区可同时从两个牵引变电所获得电能，则称双边供电。

在越区供电方式下运行，供电末端的接触网电压降低，电能损耗较大，因此要视情况适当减少同时处在该供电区段的电动列车数。另外，一旦接触网发生短路故障，其保护动作灵敏度降低。因此，越区供电只是在不得已的情况下短时运行的一种运行方式。

接触网的电分段是保证供电可靠性和灵活性的另一种措施。被分段的接触网可以通过联络隔离闸刀连接，当某段发生故障或检修时，只需打开相应段的联络隔离闸刀，就可以使故障或检修停电范围缩小，同时不影响其他各段接触网的正常供电。接触网沿线路方向的分段称为纵向电分段；接触网线路与线路之间的分段称为横向电分段，如上、下行线路之间等。在设置电分段的联络隔离闸刀的地点时，应考虑操作方便和便于实现集中控制。

任务四　远动监控（SCADA）系统及地下迷流

一、远动监控

1. 远动监控的基本概念

远动技术是调度所有各被控端之间实现遥控、遥调、遥测和遥信技术的总和。

地铁运行的管理和调度是由控制中心来实现的，其中的电力调度室是地铁供电系统运行的管理和调度部门。地铁供电系统的各类变电所及其主要设备是沿着地铁线路分散设置的。要保证系统运行的安全性和经济性，就必须由电力调度人员对系统进行集中管理和调度，实现系统运行状态的监视和运行方式的控制。因

远动监控
（SCADA）系统及
地下迷流

此，采用远动技术，通过远动监控设备对各类变电所（室）进行直接的集中监视和控制是很必要的。

远动监控设备是调度端与各被监控端之间实现遥信、遥测、遥控和遥调功能的设备。调度端装置设置在控制中心内，一般称为主站；被监控端设置在变电所内，一般称为分站或远方数据终端。遥信是各种断路器和其他开关的位置（分或合）信号、状态预告信号和事故信号的远距离监视，遥测是被监视的变电所内各种交直流电压、电流、功率、电度量等数据的远距离测量，遥控是调度端对被监控的各种断路器和其他主要开关的远距离控制。通信通道（简称通道）是指调度端到被监控的下行信息（遥控、遥调）和被监控端到调度端的上行信息（遥信、遥测）使用的传输设备的总称。中国地铁牵引供电系统已被规定应优先采用计算机远动监控设备，上海地铁将采用先进的微机远动监控设备来实现地铁供电系统的现代化管理和集中调度。

2. 远动监控的通道和信息传送方式

调度端装置、被监控端装置和通道是远动监控系统的三个组成部分。通道是传送远动信息的传输设备，在系统中，它又是最易受干扰的环节，在很大程度上决定了系统的准确度、可靠度和抗扰度。用作远距离信息传输的通道投资费用占系统总投资费用的很大部分，且随着距离的增长会达到相当大的比例。远动通道的种类有以下几种：架空明线无线通道（高频、微波）、有线电缆和光缆通道。其中，有线电缆和光缆通道易实现，抗干扰能力强，尽管投资费用大，但可以与其他方面（如通信、信号、数据传输等）合用一条多芯电缆或光缆，从而节省投资。北京地铁采用有线电缆通道，上海地铁采用抗干扰能力强、传送信息量大的光缆通道。通道是通信线路和调制器、解调器的总称。在远动监控系统中，通常是一个调度端装置中集中监控多个被监控的装置。主站和各个分站之间的远动信息传送方式有两种：一种是问答式，另一种是循环式。问答式是指信息的传送采取查询式问答方式，当主站发出查询命令时，被查询的分站按查询的要求送回相应信息，即按需传送信息；循环式是指各分站按扫描周期循环不断地向主站传送信息，即按时传送信息。在传送周期允许的情况下，即时间响应要求不高时，大都采用问答式传送方式。

3. 远动监控的系统结构

地铁供电远动监控系统一般采用 $1:N$ 链状式结构，由调度端的主站（MS）对 N 个变电所的分站（RTU）实现远动监控。主站装置结构一般由两台微型计算机（主机）通信处理机以及其他功能子系统模块组成。两台主机中任意一台作为监控工作主机时，另一台转为在线备用主机，互为备用，提高了可靠性和灵活性。通信处理机的功能是对通道与主机之间的信息进行交换与处理。系统总线是主站端内部传送信息的地址、数据和控制总线的总称，它的使用由总线控制器来管理。遥测显示子系统的任务是对遥测量处理后用数字直接显示其大小。模拟屏显示子系统的任务是对遥测信息处理后，输出相应的开关位置信号，使模拟屏上对应信号灯亮或不亮。监控主机的键盘供调度人员输入各种命令，大屏幕彩色显示器除供主机正常显示外，又可用来显示变电所实际工况的主接线图形、遥测、遥信和其他有关信息。分站装置结构由主机（微处理机）以及其他功能子系统模块来组成。系统总线、总线控制器和通信处理机的功能与主站相同。遥测子系统的任务是对被检测的电量（模拟量、数字量）进行数据采集与处理。遥信子系统用来将被监控的开关位置和状态转换成遥信信息。遥测量和遥信信息均由主机通过通信处理机和调制器发送到主站以回答主站和分站的查询。

二、地下迷流

1. 地下迷流的概念

在直流牵引供电系统中，牵引电流并非全部由钢轨流回牵引变电所，有一部分由钢轨杂散流入大地，再由大地流回钢轨和牵引变电所。走行钢轨中的牵引电流越大或钢轨对地绝缘程度越差，地下杂散电流也就相应越大。这种地下杂散电流又称地下迷流。走行钢轨铺设在轨枕、道砟和大地上。由于轨枕等的绝缘不良和大地的导电性能，因此地下杂散电流流入大地，并在某些地方重新流回钢轨和牵引变电所。在走行钢轨附近埋有地下金属管道电缆和其他任何金属构件时，地下杂散电流中的相当一部分就在导电的金属件上流过。在电动列车所在处附近的杂散电流从钢轨流向金属体，使金属体对地电位形成阴极区；在变电所附近，地下杂散电流从金属体流回钢轨和变电所，金属体对地电位形成阳极区。在阳极区，地下杂散电流从金属体流出的地方将出现电解现象，这种电解现象会导致金属体被腐蚀。地铁本身和附近的金属管道，以及各种地下电缆和金属构件在长期的电腐蚀下，将受到严重的损坏。若地下杂散电流流入电气接地装置，又将引起过高的接电电位，使某些设备无法正常工作。由此可见，地下迷流及其影响是急需重视的问题。

2．地下迷流的防护

地下迷流的防护以治本为主，即减少迷流源的泄漏、将地铁杂散电流减小到最低限度、限制杂散电流向外扩散。地铁附近的地下金属管线结构应单独采取有效的防蚀措施。为减少地下杂散电流，应采取各种排流措施。

（1）在电力牵引方面采取如下措施。

① 选择较高的直流牵引供电电压，以减少牵引电流和地下迷流。

② 缩短牵引变电站间的距离。

③ 采用迷流较小的双边供电方式。

④ 在钢轨间用铜软线焊接，尽可能减小钢轨间接触电阻。

⑤ 增加附加回流线，减少回流线电阻。

⑥ 增加道床的泄漏电阻，提高钢轨对地面的绝缘程度。

⑦ 按规程定期检查轨道绝缘、钢轨接触电阻和进行迷流监测。

（2）在埋设金属物方面采取如下措施。

① 地下金属物应尽量远离钢轨。

② 在金属表面和接头处采用绝缘。

③ 采用防电蚀的电缆。

④ 在电缆上外包铜线或套钢管。

⑤ 地下管道涂沥青后再包油毡。

⑥ 在地下金属物、钢轨间加装排流装置。

项目拓展

供电"双保险"

地铁作为一个重要的用电部门，其供电与一般工业和民用的供电不同。目前，中国地铁普遍采用两路独立的电源双边供电，当任何一路电源发生故障导致停电时，另外一路电源也能保证地铁的正常供电。

双边供电是指两个供电分区通过开关设备在电路上连通，两个供电分区可同时从两个牵引变电所（牵引所）获得电能。双边供电如图5-18所示。

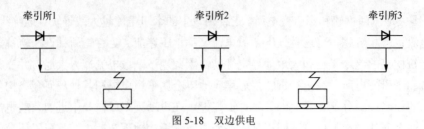

图 5-18　双边供电

　　以广西南宁地铁 1 号线为例，该线路采用集中式供电，设置了两座 110 kV 主变电所，每个主变电所都有两路独立电源进线：一路电源为专线，另一路电源为 T 接线路。若一路电源失电，则由另一路电源供电。若两路电源同时失电，则由另外一个主变电所承担全线供电。这样即使某一段线路坏了，也可以从其他线路实现转供电。

　　在一些地铁运行系统中，牵引系统是双边供电，就算其中一个牵引所发生故障，图 5-19 所示的"大双边"供电也能保证地铁正常运行。

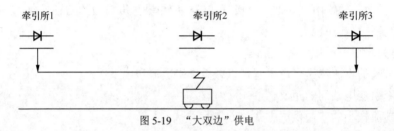

图 5-19　"大双边"供电

项目操作

1. 描述城市轨道交通供电系统的组成部分。
2. 比较分析城市轨道交通的供电方式。

项目考核

1. 城市轨道交通牵引供电系统的功能。
2. 动力照明供电系统的功能。
3. 接触网的结构形式有哪两种类型？
4. 远动监控系统结构是什么？

项目六
城市轨道交通信号与通信系统

学习目标

- 能够正确描述城市轨道交通信号设备的特点、功能
- 能够理解列车自动控制系统的组成和功能
- 能够理解城市轨道交通通信传输系统的结构特点
- 能够正确阐述城市轨道交通通信传输系统组成部分的功能

思维导图

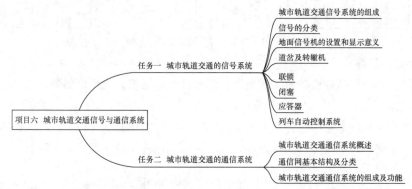

项目导学

　　城市轨道交通信号与通信系统是城市轨道交通的主要技术装备。信号系统是轨道交通行车组织的中枢控制系统，用于指挥、控制列车运行，提供设备状态信息、列车位置信息，实现列车运行过程管理，担负保证列车运营安全和提高运营效率的重任，是轨道交通得以正常运营的重要技术保证。通信系统为轨道交通运营提供了重要的信息传输手段，提供了轨道交通畅通的通信联系、控制信息实时传送，是轨道交通得以顺畅运营的重要技术支持。城市轨道交通信号系统主要包括轨道交通信号基础设备、联锁设备、列车自动控制设备；通信系统主要包括通信传输系统、数字程控系统、闭路电视系统、车站及列车广播系统、无线通信系统、时钟控制系统等。

任务一　城市轨道交通的信号系统

一、城市轨道交通信号系统的组成

　　城市轨道交通信号系统是城市轨道交通系统中非常重要的设备，其作用是指

城市轨道交通的
信号系统

挥行车，保证列车安全运行。城市轨道交通具有密度高、间隔短、站距短和速度快等特点，因此对交通保障系统有着安全要求高、通过能力大、抗干扰能力强、可靠性高、自动化程度高等要求。

1. 信号系统组成

城市轨道交通信号系统通常由列车运行自动控制系统（Automatic Train Control System，ATC）和车辆段信号控制系统两大部分组成，用于列车进路控制、列车间隔控制、调度指挥、信息管理、设备工况监测及维护管理等，是一个高效的综合自动化系统。城市轨道交通信号系统组成如图 6-1 所示。

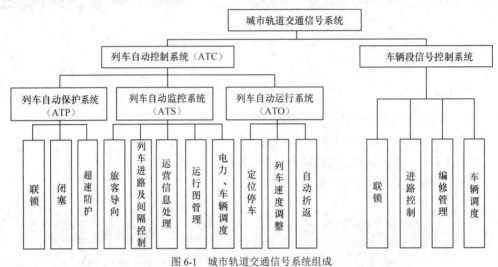

图 6-1　城市轨道交通信号系统组成

2. 信号基础设备

城市轨道交通信号基础设备包括继电器、信号机、转辙机、轨道电路等。

（1）继电器

继电器是利用不同触点的组合，完成不同电路接通与断开的电气开关，它由铁芯、轭铁、衔铁、重锤片、前接点、中接点、后接点等组成。继电器结构示意图如图 6-2 所示。

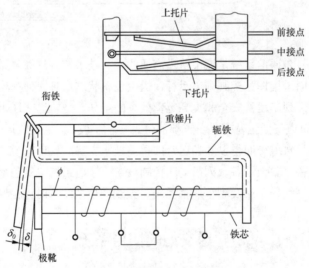

图 6-2　继电器结构示意图

（2）信号机

城市轨道交通采用色灯信号机，除车辆段和有道岔的车站外，一般不设地面信号机。

色灯信号机以其灯光的颜色、数目和亮灯状态来表示信号。色灯信号机有高柱和矮柱两种（见图 6-3、图 6-4）。

图 6-3　高柱信号机

图 6-4　矮柱信号机

高柱信号机安装在钢筋混凝土机柱上，主要用于显示距离远、观察位置明显的情况，如车辆段的进段、出段信号机；矮柱信号机安装在信号机水泥地基上，一般用于信号显示距离要求不远、隧道等安装空间受限制的地方。

（3）转辙机

在联锁区内的每个道岔处都要设置一台电动转辙机，用于转换道岔和锁闭道岔。图 6-5 所示为安装在轨道旁边的转辙机。

图 6-5　安装在轨道旁边的转辙机

（4）轨道电路

轨道电路是以铁路线路的两根钢轨为导体，两端加以机械绝缘（或电气绝缘），接上送电和受电设备构成的电路。

轨道电路由送电端、接收（受电）端、传输线、轨道电源、轨道继电器、分界绝缘节等组成。

图 6-6 所示为一段轨道电路及其工作原理图。

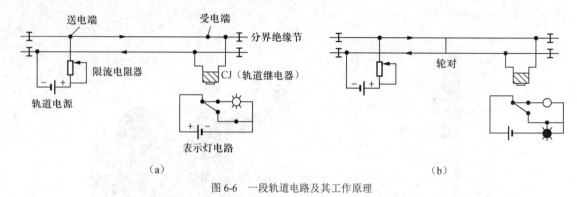

图 6-6　一段轨道电路及其工作原理

当轨道上无车占用且钢轨完好无损时，电路形成通路，如图 6-6（a）所示。这时轨道电路继电器励磁线圈有电通过，衔铁吸起，中簧片连接前接点，绿灯或黄灯亮，表示该段轨道上无车占用，列车可进入该区段运行。

当轨道上有车占用时，由车轮形成了电路回路，如图 6-6（b）所示。这时轨道继电器励磁线圈失去电流从而使衔铁落下，中簧片断开前接点，连接后接点，绿灯灭，红灯亮，表示该轨道段上有车占用，列车不准进入该区段（停车在该区段防护信号外）。

当轨道发生钢轨断裂时，轨道电路形成断路，轨道继电器同样失去电流导致亮红灯，从而形成了保护作用。

从上述轨道电路的工作原理中可以看出，轨道电路可以检查轨道是否空闲、钢轨是否完整。此外，轨道电路还可以传递行车信息。

二、信号的分类

1. 视觉信号和听觉信号

视觉信号是以信号灯的颜色或信号装置的位置变化来显示信号意义，如色灯信号机、信号旗、信号牌等；听觉信号是以声音的多少、长短等方式来显示信号意义，如口哨、响墩等。一般以视觉信号为主要信号，以听觉信号为辅助信号。

2. 固定信号和移动信号

固定信号是固定设置在规定位置的信号装置所显示的信号，如地面信号机等；移动信号是根据需要可以临时设置的信号装置所显示的信号，如信号牌、手提信号灯（见图 6-7）、信号旗、徒手信号等。一般以固定信号为主要信号，以移动信号为辅助信号。

3. 地面信号和车载信号

地面信号是设置在线路附近供司机辨识的信号；车载信号是通过传输设备将地面信号或其他方式传输的信号直接引入车辆并能显示的信号。

图 6-7　手提信号灯

三、地面信号机的设置和显示意义

1. 地面信号机的位置

城市轨道交通的地面信号机设于列车运行方向右侧,其地下部分一般安装在隧道壁上。特殊情况下可设于列车运行方向的左侧或其他位置。

2. 信号的颜色和显示意义

城市轨道交通信号的基本色为红、绿、黄三种,再辅以白色、蓝色构成城市轨道交通信号的基本显示系统。

红色表示停车,禁止越过信号机,即信号处于关闭状态(信号熄灭或显示不明的情况也视为停车信号);绿色表示可按规定速度通过,即信号处于正常开放状态;黄色表示注意减速运行,即信号处于有条件的开放状态。

白色若作为调车信号,则表示允许越过调车信号机调车;若作为引导信号,则应加上红色信号显示,表示准许列车越过红灯,以不超过 20 km/h 的速度进站,并随时做好停车准备。蓝色为调车信号,表示禁止越过调车信号机调车。

3. 信号机的设置

城市轨道交通规定,在 ATC 系统控制区域线路的道岔区设防护信号机或道岔状态表示器,其他类型的信号机可根据需要设置。道岔表示器表示道岔的位置及其开通的方向,如图 6-8 所示。

(1)正线上的信号机设置

① 防护信号机。

正线上的道岔区设防护信号机。防护信号机设于道岔岔前和岔后的适当地点,对通过道岔的列车显示信号,防护道岔开通的线路或进路的安全。具有出站性质的道岔防护信号机应设引导信号。具有两个以上运行方向的信号机可设进路表示器,进路表示器表示股道上进路开通的方向。

防护信号机有以下四种显示信号。

a. 一个绿色灯光。表示该信号机所防护进路的道岔开通区间,准许列车按规定速度越过该防护信号机进入区间。

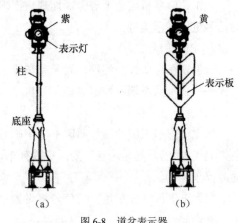

图 6-8 道岔表示器

b. 一个白色灯光。表示所防护的道岔开通折返线,准许列车按规定速度越过该信号机,运行至折返点。

c. 一个红色灯光。不准越过该信号机(该道岔开通的进路无空闲)。

d. 一个白色灯光加一个红色闪光。表示所防护的区间要求列车以不超过 20 km/h 的速度越过该信号机,有条件地进入区间。

② 通过信号机。

采用 ATC 系统的城市轨道交通,区间分界点不设通过信号机,设反光材料制成的分界标。只有行车间隔较大并采用自动闭塞作为过渡方式时才设区间通过信号机。

③ 进站信号机。

设置在车站入口(站界)外方适当距离处,用来防护车站内作业的安全,指示列车能否由区间进入车站的信号机。

进站信号机信号显示有以下两种。

a．一个红色灯光。不准列车越过进站信号机（不准进站）。

b．一个绿色灯光。允许列车按规定速度越过进站信号机（允许进站）。

④ 出站信号机。

设置在车站的出口，即列车由车站向区间发车处的前方，用来防护区间列车运行安全，指示列车能否由车站进入区间。

出站信号机信号显示有以下两种。

a．一个红色灯光。不准列车越过该出站信号机（不准出站）。

b．一个绿色灯光。允许列车越过该出站信号机，出发进入区间（站外区间有足够的制动距离保证列车按限定速度安全运行）。

地铁车站一般不设进、出站信号机，而是在出站方向的站台侧即列车停车位置前方适当地点设置发车指示器。发车指示器设置在站台上列车发车始端位置，向司机表示能否关门及发车的时间。发车指示器平时不亮灯，列车停靠后其灯光显示如下：白色闪光表示离发车还有 5 s，提示司机关车门；白灯表示可以发车；无显示表示不能关门、发车。也可以根据需要设进站、出站信号机以及进站信号机的预告信号机，或者只设出站信号机。

⑤ 出站信号机的复示信号机。

当出站信号机因地形等影响而观察不清时，需在出站信号机的内方设置复示信号机，复示出站信号机的显示信号。

⑥ 阻挡信号机。

一般设在尽头线的终端，表示列车停车位置。阻挡信号机的信号显示只有一种，即一个红色灯光——列车或车辆不准越过该信号机。

⑦ 引导信号机。

当主体信号机因故障等原因不能正确显示信号时，通过人工操作显示一个白色灯光加一个红色灯光（闪光）。其显示意义为：准许列车以低速（不超过 20 km/h）越过该信号机进站，并做好随时停车准备。

（2）车辆段（停车场）的信号机设置

在车辆段（停车场）入口处设进段（进场）信号机；在车辆段（停车场）出口处设出段（出场）信号机；在同时能存放两列及以上列车的停车线中间设列车阻挡信号机（可兼作调车信号机）；车辆段（停车场）内其他地点根据需要设调车信号机。出入段信号机的配列同防护信号机。

（3）调车信号机

设置在有联锁设备的车站调车作业的进路始端，用来防护调车进路的安全可靠，并指示列车能否进入调车进路进行调车作业。

调车信号机有以下两种信号显示。

① 一个白色灯光。允许越过该调车信号机（调车进路空闲）。

② 一个蓝色（或红色灯光）。不准越过该调车信号机（调车进路未排列完毕或该调车进路无空闲）。

四、道岔及转辙机

1.　道岔及转辙机的构成

道岔是轨道线路分歧的线路连接，是轨道线路的分岔部分；转辙机是转换道岔的装置，通过道岔线路的不同开向引领车辆轮对进入不同的线路。转辙机控制道岔尖轨的开通方向，保证轮对安全顺畅地通过道岔线路。道岔及转辙机如图 6-9 所示。

图 6-9　道岔及转辙机

（1）道岔的结构

道岔包括两条基本轨、两条尖轨、两条导曲轨、一组岔心和两根护轮轨等。其中，基本轨是道岔线路的基本组成部分，两条尖轨同时只能一边与基本轨密贴（不大于 4 mm 间隙），另一边处于分开位置（满足规定的动程），轮对一边由基本轨过渡到尖轨，另一边沿基本轨运行，通过导轨到岔心，由护轮轨牵引保证轮对安全、顺利地通过岔心。普通单开道岔的基本结构如图 6-10 所示。

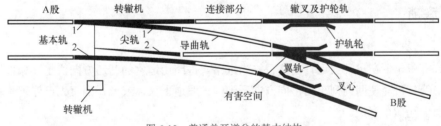

图 6-10　普通单开道岔的基本结构

（2）转辙机的组成

转辙机的种类很多，一般包括电动机、液压抽油泵、减速与调整装置、主轴、锁闭齿轮、齿条块、动作杆、表示标、自动开闭器、移位接触器、安全接点等。

2.　转辙机的类型

按动作能源和传动方式分，转辙机可以分为电动转辙机、电动液压转辙机和电空转辙机；按供电电源分，转辙机可分为直流转辙机和交流转辙机；按动作速度分，转辙机可分为普通动作转辙机和快动转辙机；按锁闭道岔的方式分，转辙机可分为内锁闭转辙机和外锁闭转辙机；按是否可挤分，转辙机可分为可挤型转辙机和不可挤型转辙机。S700K 系列电动转辙机的组成如图 6-11 所示。

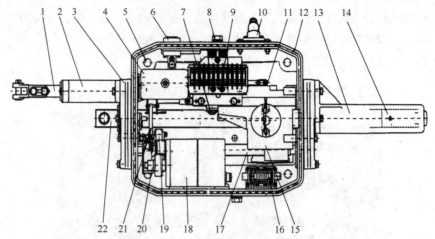

1—检测杆；2—导向套筒；3—导向法兰；4—遮断开关；5—地脚孔；6—开关锁；7—锁闭块；8—接地螺栓；9—速动开关组；
10—电缆密封装置；11—指示灯；12—底壳；13—动作杆套筒；14—止挡片；15—保持联结器；16—接插件插座；
17—滚珠丝杠；18—电动机；19—摩擦联结器；20—齿轮组；21—连杆；22—动作杆
图 6-11　S700K 系列电动转辙机的组成

3. 道岔及转辙机的作用

道岔是轨道分岔的地方，转辙机控制着道岔的转换并实现道岔的锁闭，道岔线路的开通位置和转辙机的工作状态与列车运行安全直接相关。建立进路时，进路上道岔必须转换到规定的位置，并连续检查道岔位置正确，才能保证信号的开放。进路锁闭、道岔区段有车占用或轨道电路故障时，道岔不能转换（确认道岔区段空闲，办理道岔强解后可以转换）。调度中心或车站控制室能够实现道岔的自动控制，发布道岔控制命令或进路控制命令使进路中的道岔自动转换至安全位置。调度中心或车站控制室可以实现道岔的自动排列进路命令驱动和人工操作控制，道岔设备故障情况下可以实现人工摇动和锁闭。

五、联锁

1. 联锁的概念

列车或机车车辆在车站内运行的路径称为进路。进路由道岔的开通方向决定，如果道岔开通方向不对，就有可能使两列列车由不同方向开到同一股道上去，或者开到事先已停留车辆的股道上去，从而引起撞车事故。

为保障行车安全，进路要由信号机防护。道岔位置不对或者进路上有车时，防护这条进路的信号机就不能开放，信号机不开放就表示禁止列车开到进路里去，以保证列车运行的安全。因此，在有关信号机和道岔之间以及信号机和信号机之间应建立一种相互制约的关系，这样才能保证车站的安全。这种制约关系称为联锁，用于实现这种联锁关系的设备称为联锁设备。

2. 联锁的基本内容

联锁的基本内容是：防止建立导致机车车辆相冲突的进路；必须使列车或调车车列经过的所有道岔均锁闭在与进路开通方向相符合的位置；必须使信号机的显示与所建立的进路相符。

联锁必须满足的三个基本技术条件如下。

（1）进路上各区段空闲时才能开放信号机。

（2）进路上有关道岔在规定位置才能开放信号。

（3）敌对信号未关闭时，防护该进路的信号机不能开放，否则列车或调车车列可能发生正面冲突。

3. 联锁的种类

综上所述，控制车站的道岔、进路和信号，并实现它们之间的联锁关系的设备，称为联锁设备。联锁设备的主要种类如下。

（1）电锁器联锁。电锁器联锁就是道岔靠人力通过机械转换，信号机由有关人员通过电气或机械操纵，用电锁器完成联锁关系。

（2）继电集中联锁。用电气的方法集中控制和监督全站的道岔、进路和信号机，并实现它们之间联锁的设备称为继电集中联锁设备。早期的城市轨道交通多采用继电集中联锁设备。在继电联锁中实现联锁的主要元件是继电器。继电集中联锁采用色灯信号机，道岔由转辙机转换，进路上所有区段均设有轨道电路，在信号楼进行集中控制和监督。6502 电气集中就是继电式电气集中的一种，是中国自主设计的较先进的城市轨道交通信号设备之一，在早期建成的城市轨道交通线路中广泛使用。

（3）微机联锁。微机联锁系统是以微型计算机取代了传统的继电集中电路而构成的车站信号自动控制系统。在微机联锁系统中，计算机对车站值班员的操作命令和现场状态信息按规定的联锁逻辑进行分析与处理，实现对城市轨道交通车站信号设备的控制。

城市轨道交通正线上的集中控制站和车辆段分别设有联锁设备，新建线路采用微机联锁。

六、闭塞

城市轨道交通线路以车站（线路所）为分界点划分为若干区间。列车在区间（分区）内运行的特点是：轨道交通车辆是在一条特定的轨道上运行的，速度高、质量大、制动距离长、不能避让。由于是轨道交通，轨道起了承载和导向作用，因此列车 A、B、C 依次在线路上排队运行，不能超车、不能追尾相撞，而且为提高线路的运载能力，又必须尽可能地缩短两列车之间的间距。

1. 闭塞的基本概念

为确保列车在区间内的运行安全，列车由车站向区间发车时，必须确认区间内没有列车，并需遵循一定的规律组织行车，以免发生列车正面冲突或追尾等事故。这种按照一定规律组织列车在区间内运行的方法称为行车闭塞法（简称闭塞）。办理闭塞所用的设备称为闭塞设备。

2. 闭塞的方式

（1）空间闭塞法

把城市轨道交通线路划分为若干个线段（区间或闭塞分区），在每个线段内同时只准许一列列车运行，这样使前后列车之间保持一定的距离，把同方向列车分隔在两个空间，可以有效地防止列车追尾事故的发生，确保列车运行安全。这种行车方法是中国目前采用的闭塞方法，这种闭塞方法就是空间闭塞法。

（2）时间闭塞法

列车按照事先规定好的时间由车站发车，使前后列车之间保持一定的时间间隔的行车方法称为时间闭塞法。这种行车方法因追踪列车不能确切地得到前行列车的运行状况，所以不能确保列车在区间内的运行安全，中国已不再使用此种行车方法。

3. 闭塞的制式

（1）人工闭塞

人工闭塞采用电气路签或路牌作为列车占用区间的凭证，由接车站值班员检查区间是否空闲。因为这种方法在交接凭证和检查区间状态时都要依靠人工来完成，所以称为人工闭塞。这种闭塞方法在中国已经很少采用。

（2）半自动闭塞

人工办理闭塞手续，列车凭信号显示发车后，出站信号机自动关闭的闭塞方法称为半自动闭塞。发车站值班员必须在办理好闭塞手续后才能开放出站信号，列车出发后出站信号机自动关闭，在没有检测区间是否停留有车辆设备时，还须由接车站值班员确认列车的完全到达，办理解除闭塞手续。这种方法既要人工的操纵，又需依赖列车自动动作，所以称为半自动闭塞。

（3）自动闭塞

根据列车运行及有关闭塞分区状态，自动变换通过信号机的显示，使司机凭信号显示行车的闭塞方法称为自动闭塞。这种方法因为不需要人工的操纵，所以称为自动闭塞。

（4）移动闭塞

自动调整列车运行间隔的闭塞系统称为移动闭塞。前后两列车之间的安全间隔距离不是固定的，而是根据列车运行条件自动调整的，闭塞分区划分是虚拟的。移动闭塞在城市轨道交通中已得到了越来越广泛的应用。

七、应答器

应答器又称信标，它也是信号系统的基础设备。随着 ATC 系统的普及，应答器在城市轨道交通中得到了广泛的应用。不同的应答器应用于不同的信号制式，有"有源应答器"和"无源应答器"之分，又称"有源信标"和"无源信标"。

应答器由地面、车载两部分设备构成。地面应答器和车载应答器动作示意图如图 6-12 所示。

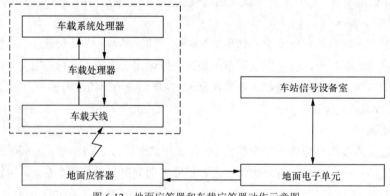

图 6-12　地面应答器和车载应答器动作示意图

1. 地面应答器

地面应答器是一种可以发送数据报文的高速数据传输设备，信号系统为每一个地面应答器分配了一个固定的坐标。

地面应答器的主要功能是：接收车载天线传递的载频能量和向车载天线发送数据信息。

（1）地面电子单元

地面电子单元是一种数据采集与处理单元，当有数据变化时（如信号显示改变等），会将改变后的数据形成报文传送给应答器进行发送。

（2）地面应答器分类

地面应答器有无源应答器和有源应答器两种。无源应答器向列车传送固定的信息；而有源应答器一般都与地面电子单元连接，通过连接的地面电子单元，可实时更新地面有源应答器中存储的数据。地面无源应答器通过接受车载应答器天线传递的载频能量，获得电能量，使地面应答器中的信号发生器工作，然后将事先存储于地面应答器中的数据发送至车载天线。地面应答器如图 6-13 所示。

（a）实物图

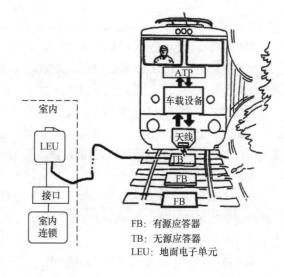

FB：有源应答器
TB：无源应答器
LEU：地面电子单元

（b）示意图

图 6-13　地面应答器

2. 车载应答器设备

车载应答器设备的主要功能是：发送地面应答器需要的能量，接收来自地面应答器的信息。分析接收到的数据流，找出完整的报文，形成处理好的无错码报文，确定定位参考点，从车上向地面发送包括检查码在内的各种信息。

车载应答器设备包括车载天线、解码器、载频发生器与功率放大器等。

车载天线是一个双工的收发天线，既要向地面发送激活地面应答器的功率载波，又要接收地面应答器发送的数据报文。

载频发生器与功率放大器用于产生激活地面应答器所需的载频能量，并通过车载天线传递给地面应答器。

车载解码器是用于对地面应答器的数据进行处理的模块，由微处理器、滤波器和其他相关单元组成。解码器用于对地面应答器信息的接收、滤波、数字解调与处理，经处理的数据通过相应的接口传送至相关的设备，如车载 ATP 设备、司机显示单元或无线设备。

八、列车自动控制系统

城市轨道交通信号系统与传统大铁路的信号系统在控制原理上基本相同，但也有自身诸多特点。传统信号系统特点和城市轨道交通信号系统特点的比较见表 6-1。

表 6-1　　　　　　　传统信号系统特点和城市轨道交通信号系统特点的比较

传统信号系统	城市轨道交通信号系统
列车运行速度高，可采用较高速率的数据传输系统	列车运行速度低，可采用较低速率的数据传输系统
联锁设备监控对象多	车站一般不设道岔，联锁设备监控对象少
通过设置在地面的色灯信号机指挥列车，机车信号作为辅助信号	减少或取消了传统的地面信号，机车信号作为主体信号
传递不同的行车命令	传递给列车具体的速度或距离信息
主要由司机控制列车运行速度	依靠 ATO 驾驶或无人驾驶
行车组织复杂，列车种类多	行车组织简单，列车种类单一

　　城市轨道交通的信号系统是保证列车运行安全和提高线路通过能力的重要设施。传统的信号系统已不能适应城市轨道交通的发展，必须用一种能实现列车速度自动控制和列车运行间隔自动调整的新系统来替代，这就是列车自动控制（Automatic Train Control，ATC）系统。

　　系统中后续列车根据与先行列车之间的距离和进路条件，在车内连续地显示出容许的速度信息（或按设定的运行条件达到该容许速度的距离信息），根据上述信息列车自动地控制运行速度，以达到自动调整行车间隔的目的，提高运输效率，并由列车自动控制系统实现在车站的定位停车。

　　ATC 系统取消了传统的地面信号，将机车信号作为主体信号，信号的含义发生了质的变化，传递给列车的是具体的速度和距离信息，系统能可靠地防止因司机失误而超速或追尾等事故的发生，确保列车运行安全。

　　列车自动控制系统包括三个子系统：列车自动监控（Automatic Train Supervision，ATS）系统、列车自动保护（Automatic Train Protection，ATP）系统、列车自动运行（Automatic Train Operation，ATO）系统。这三个子系统简称 3A 系统。

　　ATC 是在保证行车安全、提高运营效率的情况下，实现列车的自动控制。

　　这三个子系统通过信息交换网络构成闭环系统，可以充分发挥保证行车安全、提高运行效率、缩短行车间隔、促进管理现代化、提高综合运营能力和服务质量的作用。

　　1. 列车自动控制系统的组成

　　城市轨道交通信号系统按子系统设备所在区域，由以下部分组成。列车自动控制系统的组成如图 6-14 所示。

　　（1）行车指挥控制中心。由控制中心、调度员终端、维护终端、培训终端、大屏幕、接口和服务器构成。

　　（2）车站及轨旁子系统。由车站联锁、轨旁设备、车地通信和轨道电路组成。

　　（3）车载子系统。由车载 ATP、车载 ATO、牵引设备、传感器和列车显示单元组成。

　　2. 列车自动保护系统（ATP 系统）

　　ATP 系统是保证行车安全的基本系统，可实现列车的间隔控制、超速防护和进路的安全监控、安全开关门的监督等功能，确保列车和乘客的安全。

　　ATP 系统主要包括车载设备和地面设备。

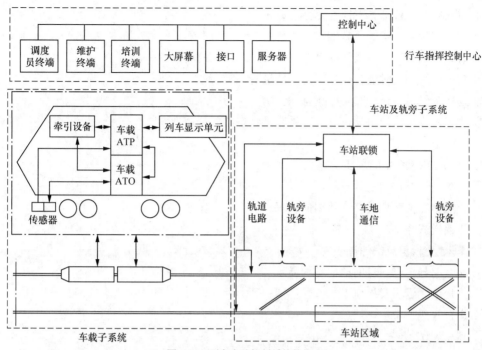

图 6-14 列车自动控制系统的组成

（1）轨旁 ATP 系统的功能如下。

① 轨道区段空闲的检测。

② 自动检测车辆的位置。

③ 控制列车运行安全间隔，满足规定通过能力。

④ 连续监督列车速度，实现超速防护。

⑤ 列车车门开、闭的安全控制，为列车车门的关闭提供安全可靠的信息。

⑥ 标志器及环线信息控制。

⑦ 目的地选择。

⑧ 停站时间控制及自动起动。

⑨ 向 ATO 系统传送控制信息等。

（2）车载 ATP 系统的功能如下。

① 接收和解译限速指令。

② 根据限速进行超速防护。

③ 测速、测距。

④ 停站校核。

⑤ 控制车门开、闭，发送站台屏蔽门开、闭信息。

⑥ 具有故障自检和报警、记录功能等。

3. 列车自动监控系统（ATS 系统）

ATS 系统是指挥列车运行的控制、监督设备，主要由中央计算机网络系统和车站计算机或中断模块设备组成，其可由控制中心集中控制，也可由车站分散控制。ATS 系统的主要作用是编制、管理行车计划，实现对全线列车的调度监控和列车运行的自动调整。

（1）控制中心 ATS 系统的主要功能如下。

① 列车的运行控制等正常操作。

② 时刻表的编辑、修改和存储，时刻表延时修正的调整控制。

③ 列车位置的实时监视和列车运行轨迹的记录。

④ 运行图管理（计划和实际运行图）。

⑤ 列车运行进路的自动设置，车站联锁状态的监督。

⑥ 故障记录等。

（2）轨旁 ATS 系统的主要功能如下。

① 列车的进路控制及其表示。

② 遥控指令的解译及表示数据的编辑。

③ 折返模式控制。

④ 车-地交换信息的编译。

⑤ 旅客向导信息、目的地信息的显示。

⑥ 停止控制逻辑及接口。

⑦ 运行等级设定。

⑧ 列车识别等。

（3）车载 ATS 系统的主要功能如下。

① 接收非安全控制信息。

② 接收运行等级及其目的地等数据。

③ 发送列车状态的自诊断信息。

④ 旅客向导信息的提供等。

4. 列车自动运行系统（ATO 系统）

ATO 系统以列车自动保护系统为基础，配置车载计算机系统及必要的辅助设备，主要执行站间自动运行、列车在车站的定点停车、在终点的自动折返等功能。它对于列车运行规范化，减少人为影响，以及在高密度、高速度运行条件下保证运行秩序有很大作用，在节约列车能耗方面也有一定作用，同时还可以减轻司乘人员的劳动强度。ATO 系统主要由车载设备和地面设备组成。

（1）轨旁 ATO 系统的主要功能如下。

① 车站程序定位停车的车-地信息交换。

② 定位停车校核，车门和站台屏蔽门开、闭控制。

（2）车载 ATO 系统的主要功能如下。

① 列车运行速度的自动调整。

② 惰行、加速和减速控制。

③ 定位停车程序控制。

④ 出发控制。

⑤ 自动折返。

⑥ 发送停站及列车长度信息等。

任务二　城市轨道交通的通信系统

一、城市轨道交通通信系统概述

城市轨道交通
的通信系统

城市轨道交通通信系统是轨道交通对外联络、内部工作联系、设备运用状态监控、故障检测与维修、事故抢险与救援、行车组织信息传递、客运组织管理的数据输入、站区视频监督、运营信息播报等的重要通信工具，是轨道交通的耳目，是轨道交通得以运行的重要保障。

1. 城市轨道交通对通信系统的要求

轨道交通通信系统要能迅速、准确、可靠地传递和交换各种信息，将各站的客流量、沿线列车的运行状况等信息及时地传送到调度所，并将调度所发布的各项调度命令以及各种控制信号传送至各个车站的执行部门和机构，从而使城市轨道系统的运行始终处于有条不紊的状态。

2. 城市轨道交通通信系统的分类

通信系统按照功能、信源物理特征、传输信号的特征、传输介质等有不同的分类。

（1）按功能分类

① 自动电话通信子系统。供一般公务联系使用。

② 专用通信子系统。直接指挥列车运行。

③ 广播子系统。向乘客报告列车运行信息。

④ 闭路电视子系统。用以监视车站各部位、客流情况及列车停靠、车门开闭和起动状况。

⑤ 传真及数据通信子系统。用以传送文件和数据。

（2）按信源物理特征分类

按信源发出消息的物理特征的不同可分为电话、电报、数据和图像等通信系统。其中，电话通信目前最发达，其他通信常借助于公共电话通信系统传递信息，如电报通信一般采用公共电话系统中的一个话路或从话路中的一部分频带进行传送，电视信号或图像信号可使用多个话路合并为一个信道进行传送。

（3）按传输介质分类

通信系统模型中的信道是指传输信息的介质或信号的通道。按传输介质分类，通信系统可分为有线和无线两大类。有线包括双绞线、同轴电缆、光缆等，无线包括微波、卫星、红外线、激光等。

（4）按传输信号的特征分类

根据传输信号的特征，通信系统可分为模拟通信系统和数字通信系统两大类。

上述系统通过电缆、光缆、漏泄电缆、天线、电磁波等传输媒介，构成了一个互相关联、互相补充的整体通信系统。

二、通信网基本结构及分类

构成通信网的基本要素是终端设备、传输设备和交换控制设备。将终端设备、传输设备和交换控制设备按照适当的方式连接起来，就可以构成各种形式的通信网。

城市轨道交通系统的通信网的构成方式必须与城市轨道交通系统本身的构成方式相适应。根据城市轨道交通系统中控制中心和各车站的地理位置分布及线路的构成情况，城市轨道交通系统的通信网有不同的分类。

1. 按通信网的拓扑结构分类

通信网的拓扑结构主要有五种，如图 6-15 所示。

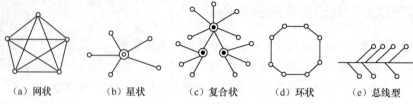

（a）网状　　（b）星状　　（c）复合状　　（d）环状　　（e）总线型

图 6-15　通信网的拓扑结构

（1）网状。较有代表性的网状是完全互联网。具有 N 个节点的完全互联网有 $N(N-1)/2$ 条传输线路。因此，N 值越大，传输线路数就越大，传输线路的利用率就越低，这是一种不经济的网络结构。但这种网络的冗余度较大，因此其接续质量和网络稳定性较好。

（2）星状。具有 N 个节点的星状共有（$N-1$）条传输线路。当 N 值较大时，相对网状其可节省大量的传输线路，但需花一定费用设置转接中心。在这种结构中，当转接中心的交换设备的转接能力不足或发生故障时，将会对网络的接续质量和网络的稳定性产生影响。

（3）复合状。这种网络拓扑结构是由网状和星状复合而成的。它以星状为基础，并在通信量较大的区间使用网状结构。

（4）环状和总线型。这两种网络类型在计算机通信网中应用较广，在这两种网中一般传输的信息速率较高，它要求各节点或总线终端节点有较强的信息识别和处理能力。

2. 按使用范围分类

按使用范围，通信网可分为本地网、长途网和国际网。

（1）本地网包括大城市、中等城市、小城市和县本地网。

（2）长途网是指负责本地网之间长途电话业务的网络。

（3）国际网是国际电话通信通过国际电话局完成，每一个国家都设有国际电话局，国际电话局之间形成国际网。

3. 按业务类型分类

通信网按业务类型可分为电话网、电报网、数据网、传真网、移动通信网和综合业务数字网（Integrated Services Digital Network，ISDN）等。

（1）电话网包括市内电话网、农村电话网、本地电话网和长途电话网。

（2）电报网包括公众电报网、用户电报网和智能用户电报网。

（3）数据网包括公众数据网和专用数据网。

（4）传真网包括本地传真网、地区性传真网和全国性传真网。

（5）移动通信网包括本地移动通信网和漫游移动通信网。

（6）综合业务数字网包括本地 ISDN 和全国 ISDN。

4. 按运营方式分类

按运营方式的不同，通信网可以划分为公用网和专用网。

（1）公用网即公众网，是向全社会开放的通信网。

（2）专用网是相对于公用网而言的，它是国防、军事或国民经济的某一专业部门（如城市轨道交通、铁道、石油、水利电力等部门）自建或向通信服务运营商租用电路，专供本部门内部业务使用的通信网。

三、城市轨道交通通信系统的组成及功能

城市轨道交通专用通信系统一般由传输、公务电话、专用有线调度电话、无线集群调度、闭路电视监控、车站广播、时钟、旅客信息引导显示、防雷、光纤在线监测、动力环境监测、LIPS不间断电源等子系统组成。

通信系统的服务范围包括运营控制中心、车站、车辆段、停车场、维修中心、车站内等城市轨道交通运营服务区域。通信系统不是单一的子系统，而是多个相对独立的子系统的组合。这些子系统在不同的运营环境下协调工作，各子系统能对各自的故障进行检测和报警，从而确保整个通信系统的可靠性。

1. 传输系统

传输系统是整个通信网络的纽带，通过它将各通信子系统车站信息传送到控制中心，同时为电力系统、信号系统、自动售检票（Automatic Fare Collection，AFC）系统、消防报警系统、办公网络等提供传输通道。传输设备包括车站设备和控制中心设备，不同的厂家有不同的组网模式。

通信传输系统组网模式示意图如图 6-16 所示。

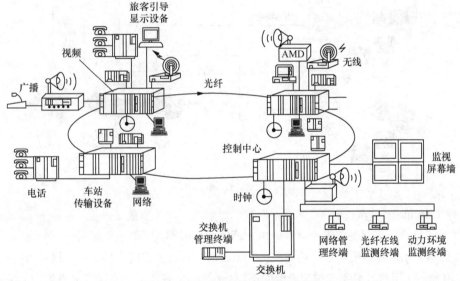

图 6-16　通信传输系统组网模式示意图

整个传输系统一般由车站设备、控制中心设备和传输线路三部分组成。车站设备用来将车站各系统需要上传的电信号转换成光信号，通过光缆线路传输到控制中心。控制中心设备是将车站上传的光信号转换成各通信子系统或其他系统需要的电信号。控制中心设备一般包括网络管理系统，用来监测整个网络的设备运行状态，同时还具有系统参数设置、故障统计、报表输出、系统用户权限设置等功能。

2. 公务电话系统

公务电话系统为轨道交通运营提供办公电话、传真等业务，同时在控制中心、车站、段厂等也设置公务电话，既可作为办公电话使用，也可以作为有线调度电话的备份，一旦调度电话故障，可临时应急使用。

3. 专用电话系统

专用电话系统主要为轨道交通运营及维修服务，是行车调度员和车站（车辆段）值班员指挥列车运行和维护人员指导使用人员操作设备的重要通信工具，是为列车运营、电力供应、日常维修、防灾救护提供指挥手段的专用通信系统。

（1）专用电话系统结构及功能

城市轨道交通专用电话系统包括调度通信、站场通信、站间通信、区间通信等。其系统可为控制中心指挥人员，如行车调度员、维修调度员、电力调度员、环境报警调度员、防灾调度员等提供专用直达通信，并且具有单呼、组呼、全呼、紧急呼叫和录音等功能，同时可为站内各有关部门提供与车站值班员之间的直达通话，并且车站值班员可以呼叫相邻车站的车站值班员。专用电话系统示意图如图 6-17 所示。

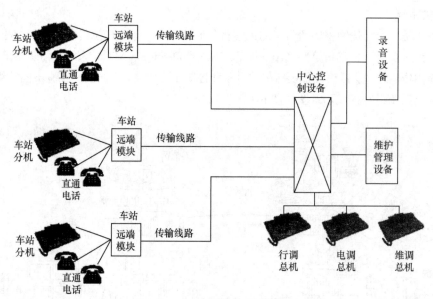

图 6-17　专用电话系统示意图

① 调度通信。

调度通信包括行车调度、维修调度、电力调度、环境调度、防灾调度等。

调度通信采用以各调度子系统的调度员为中心的一点对多点的通信方式。调度员可按个别呼叫（呼叫单独一个用户）、组呼（按调度台的不同分组方式，呼叫某一组调度分机用户）或全呼（呼叫调度台系统中的所有调度分机用户）等方式呼叫调度辖区范围内相关的所属用户并通话，还可接收所属用户的呼叫通话。通话方式为全双工方式，也可根据需要设置为单呼定位通话方式。调度台与调度台之间可进行通话。

调度员一般使用键控式操作台或触摸式操作台，调度分机根据使用人员的具体需求配置。例如，车站值班员需要与多个调度联系时，一般采用键控式操作台；变电所值班员只与电力调度联系时，一般采用电话机。

② 站场通信。

站内通信供行车值班室或站长与本站内运营业务有关人员进行通话联系。

站场通信一般采用直通电话，室内设置普通分机，室外或站台设置紧急电话。紧急电话机选用单键式、外置扬声器话机，在紧急情况下只要按下按键即可与值班室通话。

场内通信主要是解决车辆段、停车场内行车指挥、乘务运转、段内调度指挥和车辆检修人员之间的专用通信。每个车辆段或停车场设置专用的调度电话，上与行车调动联系，下与段场内专用调动电话分机联系。其通话方式与调度通信方式相同。

站场直通电话为一点对多点的辐射式集中连接方式，应能满足车站值班员、车辆段和停车场信号楼值班员、车辆段运转值班员、列检值班员、信号维修值班员等与本站厂相关部门构成直通电话，并且只允许值班员与分机相互呼叫通话，分机间不允许通话。

③ 站间通信。

站间通信是指相邻两个车站值班员之间进行通话联络的点对点通信方式。

站间通信电话是为相邻两站（包括上行和下行）值班员办理行车有关业务的，车站值班员一般使用按键式操作台作为值班台，单键操作即可接通站间通话。

④ 区间通信。

区间通信主要是指区间电话，其主要作用是供驾驶员、区间维修人员与邻站值班员及相关部门联系通话。

区间电话是在轨道线路沿线每隔一段距离设置的通话装置，其设置形式有两种：一种是区间通话柱，一种是轨旁电话。由于区间通话设施在室外或隧道内，环境较差，因此其设备需要满足防潮、防火、防燥、防尘、防冻、防破坏性等特殊要求。

区间电话业务一般分为区间专用电话和区间直通电话两种模式。在区间专用方式上，用户摘机后需要拨号呼叫，由车站分机根据所拨号码进行转接；在区间直通方式上，用户选择通话的用户，一般包括上下行车站、行调、电调、信号、通信、线路桥梁等，摘机后直接接通。

（2）城市轨道交通专用电话的构成及功能

城市轨道交通专用电话系统一般包括调度总机、调度分机、站间直通电话机、紧急电话、区间通话柱、轨旁电话等终端设备。

① 调度电话。

调度电话分为总机和分机，其基本功能一样，根据不同用户的需求进行不同的功能设置，其功能如下。

a．调度总机能对分机进行选呼、组呼、全呼，任何情况下均不能发生阻塞。

b．分机能对总机进行一般呼叫和紧急呼叫。

c．调度台具有优先级别设置功能，高优先级别的可强拆、强插低级别的通话。

d．调度总机与分机间允许呼叫通话，分机间不允许通话。

e．各调度总机之间具有台间联络功能。

f．调度总机能显示分机呼叫号码，区分呼叫类别，对双方通话进行录音。

② 其他终端。

站间直通电话机、紧急电话、轨旁电话、区间通话柱都具有一键直通功能，除紧急电话外，其他终端还具有拨号呼叫功能。

4．无线集群调度系统

城市轨道交通中无线集群系统主要解决固定人员（调度员、值班员）与流动人员（驾驶员、站务、维修人员与列检人员等）之间的通话及数据传输问题，其网络结构一般为带状网络。

无线集群调度系统主要包括以下几部分：控制中心交换设备、控制中心网络管理终端、调度台、基站、移动设备（便携式手持台、车载电台、车站用同定台）、传输设备等。

城市轨道交通无线集群调度系统在功能组成上一般分为六个无线通信子系统，分别为其六个不同部门提供服务，既可实现不同通信组的相互独立性，使其各自通信操作互不妨碍，又可以实现系统设备和频率资源的共享。这六个无线通信子系统包括行车调度通信子系统、站务通信子系统、车辆段调度通信子系统、维修调度通信子系统、公安调度通信子系统、防灾调度通信子系统。

行车调度通信子系统负责完成正线行车调度员与机车驾驶员的通信联系，传送行车指挥话音和数据指挥命令。

站务通信子系统负责完成车站车控室内勤人员与车站外勤人员及本站控制内列车驾驶员间通信。

车辆段调度通信子系统负责完成段、场内的行车调度员与机车驾驶员的通信联系，传送行车指挥话音和数据指挥命令。

维修调度通信子系统提供维修调度、各专业调度员及本专业维修人员的无线调度通信，一般采取组呼方式。不同专业各自分组，专业之间若要进行通话，可由维修调度临时派接通话。

公安调度通信子系统、防灾调度通信子系统提供公安、防灾调度员、沿线指挥人员和抢险救灾人员之间的调度通信（采用组呼方式）。此系统是在突发事件情况下才启用的，由网络调度员通过动态重组功能设置临时通话小组，将应急指挥人员、各专业的抢修人员、车站值班人员等组成一组以适应现场抢险应急需要。

5. 闭路电视监控系统

闭路电视监控系统是轨道交通运营管理及保证运输安全的重要手段，它为控制中心的调度员、各车站值班员、公安值班人员等人员提供有关列车运行、旅客疏导、防灾救火、突发事件等情况下的现场视频信息。电视监控系统主要由中央控制室监视控制设备、车站监控设备、车站硬盘录像设备、云台摄像机和固定摄像机等设备组成。

（1）摄像部分

摄像部分是电视监控系统的前沿部分，是整个系统的"眼睛"。它布置在被监视场所的某一位置上，使其视场角能覆盖整个被监视区域的各个部位。

（2）传输部分

传输部分就是系统的图像信号传送的通路。一般来说，传输部分指的是传输图像信号。但某些系统中除传输图像外，还要传输声音信号，有时需要由控制中心通过控制台对摄像机、镜头、云台、防护罩等进行控制，因此在传输系统中还包含有控制信号的传输。

（3）控制部分

控制部分是整个系统的指挥中心。控制部分的主要功能有视频信号放大与分配、图像信号的校正与补偿、图像信号的切换、图像信号的记录、摄像机及其辅助部件（如镜头、云台、防护罩等）的控制等。

（4）显示部分

显示部分一般由多台监视器、监视屏幕墙或电脑显示器组成，其功能是将传送过来的图像显示出来。在电视监视系统中，特别是在由多台摄像机组成的电视监控系统中，一般都不是一台监视器对应一台摄像机进行显示，而是几台摄像机的图像信号用一台监视器轮流切换显示，这样可以节省设备，减少空间占用。当某个被监视的场所发生情况时，可以通过切换器将这一路信号切换到某一台监视器上一直显示，并通过控制台对其遥控跟踪记录。在一般的系统中通常都采用4：1、8：1或16：1的摄像机对监视器的比例设置监视器的数量。

6. 广播系统

广播系统在为乘客提供列车到发时间、安全提示信息的同时，还能在紧急情况或突发事件时为乘客提供疏散信息。广播系统主要由中央控制设备、车站、段厂控制设备、站厅、站台声场设备等组成。

7. 其他系统

城市轨道交通通信系统除包括上述系统外，还有时钟系统、旅客引导显示系统、防雷系统、光纤在线监测系统、动力环境监测系统、UPS 不间断电源系统等。这些系统的功能及组成简述如下。

（1）时钟系统

时钟系统主要是为行车组织提供统一的标准时间，并向其他系统提供标准时间信号。时钟系统由中心母钟、监控终端、二级母钟、子钟及传输通道等设备构成。

（2）旅客引导显示系统

旅客引导显示系统的主要功能是为旅客提供关于行车时刻表、安全提示、视频等的文字或多媒体视频信息。旅客引导显示系统由中心控制终端、车站控制设备、LED（发光二极管）显示屏、等离子显示屏（Plasma Display Panel，PDP）或液晶显示屏组成。

（3）防雷系统

防雷系统为其他通信子系统提供防雷保护，当设备遭到雷击或强电干扰后，防雷系统通过隔离保护、均压、屏蔽、分流、接地等方法减少雷电对设备的损害。

（4）光纤在线监测系统

光纤在线监测系统主要对光缆传输通道进行实时在线监测，维护人员可以通过网管监控设备监测光缆状态，并能在故障时判断故障点。

（5）动力环境监测系统

动力环境监测系统对通信机房的温湿度、烟雾、空调等工作环境进行监测以及对通信系统 UPS 电源设备的工作参数进行监控，通过传输设备将车站内通信机房的信息传至控制中心网络管理终端，以便维护工作人员能够实时监测车站状况。

（6）UPS 不间断电源系统

UPS 不间断电源系统主要为其他通信子系统提供稳定的电源，当市电或 UPS 主机故障时，通过电池组为设备供电，保证通信设备正常运行。UPS 不间断电源系统包括主机、蓄电池组、配电设备等。

项目拓展

列车控制级别之间的转换

列车的控制级别如下。

1. CTC（连续式列车控制）

在连续式通信级（或移动闭塞级），移动授权由轨旁经由无线通道发送到列车，列车通过无线通道建立车-地之间的双向通信来控制列车。在该级别下，室外所有信号机灭灯，司机可根据车载信号以 ATO 模式或 SM 模式驾驶列车。

2. ITC（点式列车控制）

点式通信级作为连续式通信级的后备模式，移动授权来自信号机的显示，并通过可变数据应答器由轨旁点式的通道传送到列车。在该级别下，司机根据地面显示和车载信号以 ATO 模式或 SM 模式驾驶列车。

点式列车控制运行用作补充和后备的 ATP 系统。点式列车控制运行基于固定闭塞的列车间隔原理，列车的间隔由基于传统进路监控的联锁（当信号机后方所有允许列车进入区间的进路条件满足时，给出开通信号显示）来保证。在点式列车控制运行时，可通过一个连接到信号机的地面电子单元（LEU），根据信号机的显示来选择可变数据应答器的报文信息。若信号机给出开通显示，则当列车经过位于该信号机处的可变数据应答器时，应答器将向车载系统发出点式移动授权报文。

3. IXLC（联锁级列车控制）

如果连续式或点式通信级故障，作为降级运行模式，可由标准色灯信号机系统为列车提供全面的联锁防护。在该级别下，司机根据地面信号显示驾驶列车。不同的列车控制级别之间可进行转换。列车控制级别之间的转换如图 6-18 所示。

列车控制级别的转换原则如下：车载子系统支持不停车的列车控制模式或控制级别（升高）转换；转换到较高的列车控制级别时，无须司机进行模式转换的确认；转换到较低的列车控制级别时，需要司机对相应的转换进行确认。若司机未对该新的列车控制级别进行确认，则原来的列车控制级别保持有效状态，列车将在最近一个当前的安全移动授权（Movement Authority Limit，MAL）内停车。

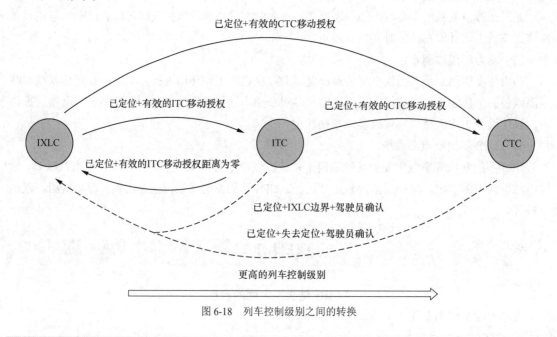

图 6-18　列车控制级别之间的转换

项目操作

1. 调研你熟悉的城市地铁，说一说常见的驾驶模式有哪些。

2. 调研你熟悉的城市地铁所用的信号系统，并描述其各组成部分的功能。

项目考核

1. 城市轨道交通信号系统的组成。
2. 信号基础设备包含哪些？
3. 信号机的设置原则。
4. 道岔有哪几部分组成？
5. 转辙机的分类？
6. 联锁的基本内容？
7. 联锁的种类有哪几种？
8. 闭塞的基本概念和闭塞制式。
9. 城市轨道交通通信系统的分类。
10. 城市轨道交通通信系统的组成。

项目七
城市轨道交通运营管理

学习目标

- 能够正确描述城市轨道交通运营组织的特点
- 能够了解城市轨道交通运行调度指挥系统
- 能够正确阐述城市轨道交通客运组织工作的主要内容
- 能够了解城市轨道交通的票务管理

思维导图

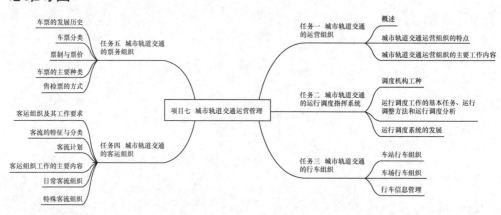

项目导学

城市轨道交通系统的客流量随时间段不同具有明显的高峰与低谷特性，且这种不均衡性也与城市的产业布局、居民出行习惯有关。因此，实现有计划的客流组织与疏导比较困难，要实行优质高效的客流组织工作，必须依靠科学管理。轨道交通主要通过合理的客流组织及设备运用来完成其大量的客运任务。

任务一　城市轨道交通的运营组织

一、概述

城市轨道交通系统是现代大城市广泛采用的一种高效、安全、舒适、快捷、污染少而运量大的有轨交通系统。在运营组织工作中，根据其吸引的城市上下班（学）人口等客运流量、流向的实际情况，在基本列车运行图中编划出早、晚客流高峰时段密集开行列车的阶段运行计划。同时，还编制出各种周末、节假日、春运时期等列车运行图，以便最大限度地满足城

城市轨道交通的
运营组织

市人口对轨道交通出行的各种需要。

城市轨道交通系统行车指挥工作通常采用先进的自动遥控设备进行自动的操作指挥。世界上有的城市利用调度集中设备，有的利用更先进的 ATC 设备。例如，上海城市轨道交通系统就采用 ATC 系统。

在运营组织上，实行集中调度、统一指挥、按图行车；在功能实现上，车辆、车务、机电、通信、信号、工务等部门紧密配合，确保隧道、线路、供电系统、车辆设备、通信设备、信号设备、机电设备及消防系统状态良好，运行正常；在安全上，主要依靠合理的行车组织规则和可靠的设备运行来保证行车间隔和正确的行车路径。因此，城市轨道交通运营组织要以安全第一、优质服务为指导思想，建立精简、高效的管理机构，按照有轨交通的客观规律和城市公共交通的特点组织列车运行和客运服务，发挥城市轨道交通的优越性，满足现代城市居民安全、快捷、舒适、准点的出行要求。运营组织的工作宗旨是安全、准时、迅速、便利、服务优质。

二、城市轨道交通运营组织的特点

（1）城市轨道交通系统只有客运业务，没有货运业务，且运输距离相对较短。

（2）城市轨道交通系统均采用双线运行，即上、下分线运行。列车编组相对固定，一般采取 6～8 节编组。

（3）城市轨道交通系统车辆本身带有动力装置，列车折返不必进行转头作业。

（4）全日客流分布在时间上有较为明显的高峰和低谷，高峰时客流集中，时间性强。

（5）列车运行间隔时间短，发车密度高。例如，上海地铁 1 号线最小发车间隔为 2 min，以满足早晚高峰客流的需要。

（6）全日运营时间为 5：00～23：00，计 18h 左右，设施设备在运营时间保养较困难，需在运营结束后统筹安排施工检修计划。

总之，城市轨道交通运营组织的特点包括：运营服务的对象是市内交通乘客，全日客流分布在时间上有较为明显的高峰和低谷，全年客流分布在时间上按季、月、周等有较大的起伏。

三、城市轨道交通运营组织的主要工作内容

城市轨道交通运营组织的主要工作内容为列车运行图的编制。

1. 列车运行图的定义、组成、作用和分类

（1）列车运行图的定义

列车运行图是用坐标原理来表示列车运行状况的一种图解形式。它能直观地显示出各次列车在时间上和空间上的相互位置和对应关系，还能直观地显示出列车在各区间运行及在各车站停车的状态。列车运行图是列车运营组织的基础。

（2）列车运行图的组成

列车运行图的组成如图 7-1 所示。

① 横坐标。表示时间变量，按要求用一定的比例进行时间划分，一般城市轨道交通列车运行图采用 1 分格或 2 分格。

② 纵坐标。表示距离分割，根据区间实际里程，采用规定的比例，以车站中心线所在位置进行距离定点。

③ 垂直线。是一组平行的等分线，表示时间等分段。

④ 水平线。是一组平行的不等分线，表示各车站中心线所在位置。

⑤ 斜线。列车运行轨迹（路径）线，一般以上斜线表示上行列车，下斜线表示下行列车。

在列车运行图上，列车运行线与车站的交点即表示该列车到达、出发或通过的时间。在列车运行图上，每个列车均有不同的车号和车次。按不同的列车类别规定代号或列车号，如专运列车，施工列车等；按发车顺序编列车车次，上行采用双数，下行采用单数。列车车号表示每个列车的顺序编号。

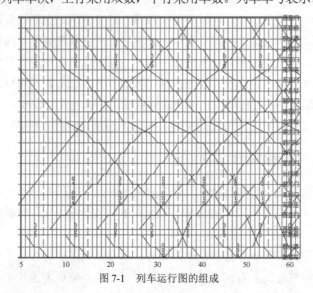

图 7-1　列车运行图的组成

（3）列车运行图的作用

① 列车运行图是城市轨道交通组织列车运行的基础。

② 列车运行图是城市轨道交通运营组织的一个综合性计划。

（4）列车运行图的分类

① 按区间正线数目，分为单线运行图和双线运行图。

② 按列车之间运行速度差异，分为平行运行图和非平行运行图。

③ 按上、下行方向的列车数，分为成对运行图和不成对运行图。

④ 按同方向列车运行方式，分为连发运行图和追踪运行图。

⑤ 按使用范围，分为日常运行图、节假日运行图及其他特殊运行图（如春季、夏季等）。

城市轨道交通系统的列车运行图因其系统特征，一般均为双线成对追踪平行运图。

2．列车运行图编制要素

城市轨道交通列车运行图编制要素在内容上有三类：时间要素、数量要素、相关要素。

（1）时间要素

时间要素包括以下内容。

① 区间运行时分。指相邻车站之间的运行时分，需经过列车牵引计算和实际查表后确定。

② 停站时分。指列车停站作业（包括减速，加速，开、关车门等）、乘客上、下车所需时间总和。

③ 折返作业时分。列车到达终点站或在区间站进行折返作业的时间总和。

④ 出入车辆基地作业时分。

⑤ 运营时间。列车全日正常运营时间。

⑥ 停送电时间。指在运营开始前和运营结束后的停电、送电所需要确认的操作时间。

（2）数量要素

数量要素是编制列车运行图的主要依据，是直接影响运行图编制的主要因素。数量要素包括以下内容。

① 全日分时段客流分布。根据客流的高峰、低谷而确定的列车的编组、运行列数等。

② 列车满载率。即列车实际载客量与列车定员人数之比，编制运行图既要保证满载率又要留有一定的余地，以应付客流异动。

③ 列车最大载客量。分为定员载客量和超员载客量。

④ 列车入库能力。指每个时段通过出入库线路的最大列车数。

（3）相关因素

相关因素包括：与其他交通方式的衔接；与大型体育场所，娱乐、商业中心的衔接；列车检修作业；列车试车作业；司机作息安排；车站的存车能力；电动列车的能耗。

3．列车运行图编制原则

（1）在保证安全可靠的条件下，提高列车的运行速度，缩小列车的运行时分。

（2）尽量方便乘客。迅速、便利地运送乘客，最大限度地节约乘客在途时间，包括在站候车、随车运行及中转换乘的时间。

（3）充分利用线路的能力和车辆能力，经济合理地运用车辆设备，安排施工维修时间。

（4）在保证运量需求的条件下，运营车数达到最少。

4．列车运行图编制顺序

（1）人工编制顺序

① 确定全日列车开行对数。

② 确定运行图编制原则及具体要求。

③ 按列车运行图组成要素，收集资料并计算、查定各要素的数值。

④ 编制列车运行方案图。

⑤ 计算运行所需的运用列车数。

⑥ 征求有关人员的意见。

⑦ 调整并编制正式的列车运行图。

⑧ 编写列车运行图使用说明。

（2）计算机编制

由工作人员将运行图编制要素的数据输入计算机，由计算机编制出列车运行图，通过人机对话进行修改。列车运行图反映了行车组织工作的水平。

任务二　城市轨道交通的运行调度指挥系统

运行调度工作由控制中心实施，实行各部门各工种高度集中的统一指挥，保证列车运行安全、准点，及时调整与实现各种情况下的乘客运输任务。运行调度工作是城市轨道交通系统运行的核心。

城市轨道交通的
运行调度指挥系统

一、调度机构工种

城市轨道交通系统是一个复杂的、技术密集型的城市公共交通系统，在调度机构的组织体系中通常设有行车调度员、电力调度员、环控调度员等调度工种。

二、运行调度工作的基本任务、运行调整方法和运行调度分析

1．运行调度工作的基本任务

（1）组织指挥各部门、各工种严格按照列车运行图工作。

（2）监视列车到达、出发及途中运行情况，保证列车运行的正常秩序。

（3）在运行秩序因故不正常时，能够采取措施，尽快恢复正常秩序。

（4）及时、准确处理行车异常情况，防止行车事故。

（5）随时掌握客流情况，及时调整列车运行方案。

（6）检查监督各行车部门执行列车运行图情况，发布调度命令。

（7）当区间与车站发生行车事故时，按运营组织工作规定的程序和内容汇报给上级主管部门，并采取措施防止事故扩大，参与组织救援工作。

地铁或轻轨在双线行车时，正常情况下是按右侧单方向运行，列车运行以闭塞分区作间隔。有了行车闭塞方法、列车运行图及行车交路等之后，列车运行的问题还没有全部解决。这是因为有关列车运行的条件随时都可能发生变化，如客流有增有减，按图运行的列车可能发生晚点，以及运行秩序紊乱等都需要采取相应的运行调整措施。在区间或车站发生事故时，更要及时防止事故扩大并组织救援等。这些都要求在日常的运输工作中根据情况的变化，采取调整措施，使列车尽可能按图运行。这一任务主要由行车调度员来完成。

为统一指挥日常运输生产工作，地铁或轻轨的行车工作必须坚持高度集中、逐级负责的原则。行车调度员统一指挥各调度区间。一个调度区由该区值班行车调度员统一指挥；车站由车站行车值班员统一指挥；车辆段由运转值班员统一指挥；列车由本车值乘司机负责指挥；列车在车站时，所有乘务人员应按车站行车值班员的指挥进行工作。每一级都应严格执行上一级的调度指挥。在实行调度集中控制时，有关行车工作由该区行车调度员直接指挥；在转为车站控制时，由车站值班员指挥。

2. 运行调整方法

行车调度员应严格按列车运行图指挥行车，在列车不能按运行图运行而进行调整时，应考虑列车运行的安全，做到恢复正点和行车安全兼顾。行车调度员可采取的运行调整方法有以下几个。

（1）始发站提前或推迟发出列车。

（2）加开或停运列车，备用列车替换和变更列车运行线路。

（3）组织列车加速运行，恢复正点。

（4）组织车站加速作业，压缩停站时间。

（5）组织列车不停车通过某些车站。

（6）组织列车在具备条件的中间站折返运行。

（7）组织列车反方向运行。

（8）扣车。

（9）调整列车运行时间间隔。

行车调度员对列车运行调整方法的选择，取决于列车运行的具体情况。实际工作中往往可以几种方法结合运用。行车调度员在组织、指挥日常运输工作中，有权发布与运输组织有关的调度命令，站段以及与行车有关人员必须坚决执行。

为保证行车调度工作的连续性和严肃性，必须遵循一定的基本工作制度，如交接班制度、标准化制度、安全生产制度以及调度工作分析制度等。其中，行车调度分析具有特别重要的意义。通过对实际运行图，包括对列车运用、走行里程、正点率、计划实现率、各类故障及调度调整手段等的综合分析，以及对技术速度、旅行速度、运营里程、空驶里程、行车事故间隔里程、责任事故次数等指标的分析，可以查找导致行车秩序不正常的原因，通过找出规律性的特征以供修改列车运行图时做参考，并对各方面的工作提出改进意见。

3. 运行调度分析

运行调度分析是指对列车运行图进行综合分析，寻找行车秩序不正常的原因，寻找规律性的特征以供修改列车运行图时做参考，完善各方面的工作。其考核指标包括列车运行图兑现率、列车正点率、平均满载率等。列车运行图分析主要包括以下内容。

（1）日运行图分析

一般情况下，由当班主任调度员负责分析，对列车运行计划完成情况、车辆运用情况、检修施工情况、电力运行情况、环控运行情况进行统计，并对列车晚点原因进行分类说明。

（2）旬运行图分析

由调度所日勤分析员在日运行图分析的基础上，对列车运用、走行里程、正点率、计划兑现率及调度调整手段进行分析。

（3）月运行图分析

在调度所主任的主持下，在旬运行图分析的基础上，完成对列车运用、走行里程、正点率、计划兑现率、运营里程、空驶里程、技术速度、旅行速度、行车事故次数等指标的分析。

（4）特殊项目分析

如一段时间内，列车运行正点率持续较低，就应该对列车运行正点率作为特殊项目分析，找出列车晚点原因（如设备影响客流大、运缓、天气不好、司机操作水平差等）。

三、运行调度系统的发展

随着城市轨道交通运行控制系统的设备逐步向自动化、远程化、计算机化的方向发展，列车运行调度设备也从人工电话调度指挥方式向电子调度集中和计算机调度集中控制发展。

1. 人工调度指挥系统

（1）调度所设备，包括调度电话总机、传输线。

（2）车站设备，包括调度电话分机、传输线。

（3）车上设备，包括无线调度电话。

由调度员通过调度电话与车站值班员直接对话，由值班员安排列车进路，了解列车到达、出发信息，下达列车运行调整调度命令，通过车站值班员调度电话分机呼叫列车驾驶室的无线调度电话，传达调度命令，调度员人工绘制实际运行图。

2. 电子调度集中系统

（1）调度所设备，包括调度集中总机、运行显示屏、运行图绘制仪、传输线等。

（2）车站设备，包括调度集中分机、传输线等。

（3）车上设备，包括无线调度电话。

电子调度集中设备实现了运行调度指挥的遥信和遥控两大程控功能（欠缺遥测这项基础功能）。此时调度员将直接安排列车进路，直接指挥列车运行调整，并通过显示屏监督列车运行情况。在必要的时候，可将列车运行进路排列工作下放至车站，由值班员执行。

3. 计算机调度集中控制设备

计算机调度集中控制系统主要功能如下。

（1）具有列车运行显示及人工控制功能。

（2）能发出控制需求信息，并从线路轨道及信号设备接收信息。

（3）能由 OCC 自动或由调度员人工将调度指挥信息传送到车站设备（如停车时间、运行等级等）。

（4）实现列车的动态显示，如列车位置、到站出发时分、车次车号等。

（5）能存储多套列车运行图，如正常运行图、节假日运行图、施工运行图、事故调整运行图等。

（6）能按当前正在使用的列车运行图调整列车运行。

（7）能监视列车运行、调整列车发车时间、控制列车停站时分、控制终点站列车进路。

（8）出现非正常情况时报警。

（9）能生成与修正运行报告、记录运行数据信息、提供实时记录的重放，包括运行图、统计指标等。

任务三　城市轨道交通的行车组织

城市轨道交通的行车组织工作是指在运输生产过程中，为完成运送乘客的任务所进行的一系列与运输有关的工作。城市轨道交通系统耗资巨大，修建费时费力，系统能否实现预期目标、完成预期任务，关键就要看行车组织工作的好坏。因此，行车组织工作是整个轨道交通运输生产的重要内容。

城市轨道交通
的行车组织

与干线铁路不同，城市轨道交通在整个运输生产过程中调车作业甚少，行车组织基本上只从事列车运行组织和接发列车工作，由调度所（或中央控制室）和车站（段）两级完成。

列车运营组织要首先确定好列车运行的最小行车间隔时间、停站时间、折返方式与折返时间、列车运行速度等，在此基础上制订列车编组、车辆配备计划和列车运行图，再由调度所（或中央控制室）执行日常的行车指挥工作。要实行集中统一指挥，要求各环节紧密配合，协同动作，从而保证安全、均衡、有节奏地完成旅客运输任务。

接发列车的组织工作是在严格遵守地铁或轻轨技术管理规程和行车组织规则、车站行车组织细则等有关规定的情况下，按一定程序进行的一系列接发列车作业，由车站值班员指挥。

一、车站行车组织

车站行车必须根据城市轨道交通技术管理规定、行车组织规程、行车调度规章、列车运行图、客运组织规则及上级有关规章制度并结合车站的具体情况编制，内容包括车站概况、技术设备、列车运行、调车工作、非正常情况下的行车组织、客运组织等。

1. 车站行车作业基本要求

车站行车作业包括列车接发作业、列车折返作业等。车站行车作业应按照列车运行图要求，不间断地接发列车与折返列车，确保列车安全和乘客安全。车站行车作业的基本要求有以下几点。

（1）执行命令、听从指挥。

（2）遵章守纪、按图行车。

（3）作业联系及时准确。

（4）接发列车目迎目送。

（5）行车报表填写齐全。

2. 车站行车作业基本制度

为加强车站行车作业组织，必须建立和健全各项行车作业基本制度，做到行车作业制度化、程序化、标准化。车站行车作业的基本制度主要有以下几点。

（1）车站值班员岗位责任制。

（2）交接班制度。

（3）检修施工登记制度。

（4）道岔擦拭制度。

（5）巡视检查制度。

（6）行车事故处理制度。

3. 接发列车组织工作

接发列车是车站的一项基本任务，也是行车组织的一项主要工作。做好接发列车工作可以保证列车按照运行图安全正点行车。

在采用调度集中以及行车指挥自动化系统后，行车调度员可在调度所的控制台上监视该区段内列车的运行情况，并可直接操纵区段内各个车站的道岔和信号机。因此，这些车站的接发列车工作可以由行车调度员直接指挥和办理。当调度集中设备发生故障时，也可下放到车站办理。通常，地铁和轻轨交通的行车量都较大，列车追踪间隔短，沿线各站的运行作业单一，调车量少，而且站间距短，列车基本上是站站停车。因此，地铁或轻轨特别适宜采用调度集中以及行车指挥自动化系统。总体来讲，世界各国大城市的轨道交通系统均采用了比较先进、自动化程度高的调度指挥系统。

车站接发列车时需办理以下各项作业。

（1）办理区间闭塞。办理闭塞是车站接发列车工作的首要步骤，不同的闭塞设备有不同的条件和要求。因此，需要根据区间闭塞设备，具体制订办理闭塞的程序和手续。

（2）准备接发列车进路。接发列车进路是指列车到发或通过所需占用的一段站内线路，在列车到达车站或由车站出发之前，由车站值班员正确发布准备接发列车进路的命令，及时停止影响列车进路的调车工作，以确保列车运行安全。

（3）开闭信号。在闭塞手续办理完毕，确认列车进路准备妥当之后，才能开放进站或出站信号机；在列车进入或开出车站之后，应及时关闭信号。

（4）交接行车凭证。在采用自动闭塞时，接发列车无须交接行车凭证；但在特殊情况下停用自动闭塞，接发列车仍需交接行车凭证。

（5）接发列车和指示发车。在列车进站、出站或通过时，接发列车的工作人员应在规定地点接送列车，注视列车运行状况，如发现有危及人身或行车安全的情况，应采取措施妥善处理。车站发车人员只有在确认列车已取得占用区间许可、发车进路准备妥当、影响进路的调车工作已经停止时，才能按规定显示发车指示信号，准许列车由车站出发。

列车到达车站或出站之后，车站值班员还应及时将列车到达、出发时刻通知邻站，并记入行车日志，向行车调度员报点。车站所有接发列车工作均由车站值班员指挥。

二、车场行车组织

车场行车工作细则也必须根据城市轨道交通技术管理规定、行车规程、列车运行图、客运组织规则及上级有关规章制度，并结合车场的具体情况进行编制。内容包括车场概况、技术设备、列车出入场、调车工作、车辆取送、检修能力、停车容量等。

调车工作制度包括以下内容。

（1）交接班制度。

（2）作业前准备制度。

（3）下班后总结制度。

（4）要道还道制度。

三、行车信息管理

目前，中国绝大多数地铁列车在运行中没有记录装置来对列车的运行状态和司机操作状态进行实时记录，车辆运用部门和维护部门对列车的运行状态和司机的使用操作不能进行实时掌握，这样就对运营管理和车辆维护带来不便。另外，现阶段司机的出、退勤基本上是人工管理，只有少数过程由计算机参与，缺少基于数据库技术、计算机联网技术的信息化管理过程记录的信息。基于以上原因，具有车载记录功能和运行操作状态以及司机出、退勤信息化管理功能的列车地铁电动客车行车信息管理系统的立项十分迫切。北京地铁电动客车行车信息管理系统项目，不仅可以为车辆维护、设备维修提供信息帮助，同时还可以为安全隐患、事故分析提供客观依据。

地铁电动客车行车信息管理系统包括车载记录装置和地面信息管理软件两大部分。地铁电动客车行车信息系统已成为实现车辆状态记录、规范司机操作、预防安全隐患和为事故分析提供客观依据的系统。

1. 行车信息管理系统的功能

（1）列车出、退勤信息化管理

司机开车前将车辆运营部门（运转车间）已经输入相关出勤信息的司机出、退勤 IC 卡插入车载记录装置的 IC 卡座中，车载记录装置读取相关信息并做记录。退勤时司机按压"退勤"键，车载记录装置向 IC 卡中写入用于管理的司机退勤信息、司机违章操作信息。司机在运转车间或其他出、退勤点办理退勤手续时，交回 IC 卡，管理人员通过计算机读取 IC 卡中的退勤信息和违章操作信息，实现司机退勤的自动化管理，并生成相应的退勤报表和文档。

（2）列车车辆状况记录

列车运行过程中，车载记录装置记录各种操纵状态和相关车辆设备状况的功能。这样能保证安全运营部门技术部门和维修部门及时掌握车辆的工作状态，发现车辆存在的问题，从而及时消除安全隐患，将小问题消灭在事故前，保证了行车安全。

（3）规范司机操作

该装置具有司机运行中各种操纵状态的记录功能，这样能保证安全运营部门和技术部门及时掌握司机的操作，发现司机的违章操作，通过相应的管理措施来规范司机操作，进而保证行车安全。

（4）事故分析、车辆状况分析

该装置能将司机操作过程和当时的列车运行状态、具体列车位置等实时地记录下来，通过地面管理处理系统软件，可以客观、及时地分析列车车辆状况、司机的违章操作和事故原因。

2. 行车信息管理系统的组成和原理

地铁电动客车行车信息管理系统主要包括三部分：车载记录装置（包括硬件和软件）、改进的车门控制电路和在基于电话拨号方式联网的计算机网络系统上运行的地面信息管理软件。

车载记录装置上的大容量 Flash 存储器进行出、退勤数据和运行数据的存储。线路数据单独存储于线路数据存储器中，并通过 IC 卡进行线路数据的写入和出、退勤数据以及运行数据转出。与此对应，IC 卡分为司机出退勤卡、转储卡、线路数据写入卡。

地面信息管理软件是在基于电话拨号联网方式的计算机网络系统上运行的，主要完成以下任务：IC 卡初始化、出勤、出勤信息管理、退勤、退勤信息管理、线路数据 IC 卡的写入、转储卡的设置、转储数据分析等。信息管理功能的完成是建立在数据库基础上的，目前该系统已取得了如下的社会效益。

（1）为地铁的行车安全提供了新的技术手段。

（2）为进一步提高地铁车辆的服务水平创造了必要的条件。

（3）为提高地铁车辆的维修水平、确保车辆得到及时维修提供了必要的技术支持。

（4）为地铁车辆的故障和行车事故分析提供了必不可少的设备保证。

（5）提高了对地铁列车司机的劳动管理水平。

（6）为司机驾驶技术的培训工作提供了先进的考核手段。

任务四　城市轨道交通的客运组织

一、客运组织及其工作要求

1. 客运组织

（1）客运组织的定义

客运组织是通过合理布置客运有关设备、设施以及对客流采取有效的分流或引导措施来组织客流运送的过程。

城市轨道交通的客运组织

（2）客运组织的核心任务

客运组织是车站运营生产的重要组成部分。客运组织的核心任务是保证客流运送的安全、保持客流运送过程的畅通、减少拥挤及保证大客流发生时能够及时疏散。车站是轨道交通运营的窗口单位，因此在组织的过程中车站还应向乘客提供优质服务，客运服务质量的高低将直接反映出地铁运营的管理水平。

2. 客运组织的工作要求

城市轨道交通客运组织工作必须实行集中领导、统一指挥的原则。中央控制室负责全线的客运组织工作，车站的客运组织由车站站长或值班站长负责。车站客运组织工作的要求有以下几点。

（1）安全准时。保证乘客进站、出站和乘车的安全，确保列车按列车运行图规定的时间行车。

（2）方便迅速。售检票设备操作方便，售检票位置设置合理，出入口、楼梯等导向标志清晰准确，尽量减少客流交叉、对流，确保乘客快捷到达目的地。

（3）热情周到。耐心正确地解答乘客的问题，主动热情地为乘客服务。

二、客流的特征与分类

1. 客流的定义

客流是指人们出行需要乘坐公共交通车辆以实现其位置移动进而达到出行目的的乘客群。也可以解释为：客流是在公共交通线路某一方向上或某一断面上在一定时间内用某种交通工具来实现位置移动乘客的总称。

2. 客流量的定义

客流量是从总的方面反映城市居民需要乘坐公共交通车辆的数量程度。它是由城市和郊区固定居住人口和外地驻城市的临时人口，因生产、生活等需要出行乘车而构成的，包含时间、地点、方向、距离、数量等因素。流动的数量称为"流量"，流动的方向称为"流向"，流动的时间称为"流时"。

影响客流量大小的因素有城市性质与面积、人口密度、经济水平、就业人口、城市布局、出行距离，以及公共交通线路网的布设、票价、服务质量等。

3. 客流的数量指标

为分析客流在公共交通线路上的具体分布，通常需要调查某一路段、站点或某一线路的乘客乘车情况。相关的数量指标如下。

（1）流向量。在单位时间内，向同一个方向乘车的乘客通过人数。

（2）通过量。在单位时间内，通过某站的单方向的乘客人数。

（3）集结量。在单位时间内，某站（段）需要乘坐公共交通车辆的人数。

（4）疏散量。在单位时间内，某站（段）下车的乘客人数。

（5）待运量。在单位时间内，某站（段）未乘上公共交通车辆的滞留在站上的乘客人数。

（6）交替量。在单位时间内，某站（段）上下车的乘客总人数。

（7）客运量。在一定时间内公共交通企业实际运送的乘客人次，一般的统计为年、季、旬、周、日的客运量。

4. 客流调查

在轨道交通系统的运营过程中，为掌握客流在时间、空间上的动态变化规律，必须经常进行各种形式的客流调查。

（1）客流调查种类

根据不同的情况和不同的需要，轨道交通系统的客流调查种类主要有全面客流调查、乘客情况抽样调查、断面客流目测调查和节假日客流调查等。

① 全面客流调查。全面客流调查是对轨道交通全线客流的综合调查。全面客流调查的内容通常包括全线客流调查和乘客抽样调查两部分。

② 乘客情况抽样调查。该项调查通过问卷方式进行，内容包括乘客构成情况调查和乘客乘车情况调查两项。其中，乘客构成情况调查在车站进行，被调查人数取全天在车站乘车人数的一定比例，调查表内容包括年龄、性别、居住地、出行目的等。

③ 断面客流目测调查。这是一种经常性的客流抽样调查。根据需要，可选择一两个断面进行调查，一般是对最大客流断面进行调查，调查人员通过目测估计各车辆内的乘客人数。

④ 节假日客流调查。这是一种专题性客流调查，重点对春节、元旦、国庆节、双休假日和若干民间节日期间的客流进行调查。调查的对象包括机关、学校、企业等单位的休假安排，都市旅游城市的发展程度和城市居民的生活方式等。

（2）客流调查汇总指标

在进行了客流调查后，对花费了许多时间、人力和财力所获得的客流调查资料，应认真整理或列成表格，或绘成图表，然后采用适当的统计方法来汇总计算各项指标，进行正确的分析。

（3）客流分析

在轨道交通系统运营过程中，应对客流动态实行经常的监督和系统的分析。掌握客流现状与客流变化规律是轨道交通系统行车组织工作和客运组织工作得以顺利进行的前提。

三、客流计划

客流计划是对运输计划期间轨道交通线路客流的规划。

它是全日行车计划、车辆配备计划和列车交路计划编制的基础。客流计划的主要内容包括站间到发客流量，各站各方向上下车人数，全日、高峰小时和低谷小时的断面客流量，全日分时最大断面客流量等。

客流计划以站间到发客流量（见表7-1）资料作为编制基础，分步计算出各站上下车人数（见表7-2）和各区间断面客流量（见表7-3）。

表 7-1　　　　　　　　　　　　站间到发客流量表（人次）

发	到								
	A	B	C	D	E	F	G	H	合计
A	—	7 019	6 098	7 554	4 878	9 313	12 736	23 798	71 396
B	6 942	—	1 725	4 620	3 962	6 848	7 811	16 538	48 446
C	5 661	1 572	—	560	842	2 285	2 879	4 762	18 561
D	7 725	4 128	597	—	458	1 987	2 822	4 914	22 631
E	4 668	3 759	966	473	—	429	1 279	3 121	14 695
F	9 302	7 012	1 982	2 074	487	—	840	5 685	27 382
G	12 573	9 327	2 450	2 868	1 345	1 148	—	2 133	31 844
H	22 680	14 753	4 707	5 184	2 902	5 258	2 015	—	57 499
合计	69 551	47 570	18 525	23 333	14 874	27 268	30 382	60 951	292 454

表 7-2　　　　　　　　　　　各站上、下车人数

下行上客数/人次	下行下客数/人次	车站	上行上客数/人次	上行下客数/人次
71 396	0	A	0	69 551
41 504	7 019	B	6 942	40 551
11 328	7 823	C	7 233	10 702
10 181	12 734	D	12 450	10 599
4 829	10 140	E	9 866	4 734
6 525	10 862	F	20 857	6 406
2 133	28 367	G	29 711	2 015
0	60 951	H	57 499	0

表 7-3　　　　　　　　　　　各区间断面客流量

下行/人次	区间	上行/人次
71 396	A—B	69 551
105 881	B—C	103 160
109 386	C—D	106 629
106 866	D—E	104 778
101 522	E—F	99 646
87 185	F—G	85 195
60 951	G—H	57 499

1. 全日行车计划

全日行车计划是营业时间内各小时开行的列车对数计划，它规定了轨道交通线路的日常作业任务，是科学组织、运送乘客的办法。

2. 车辆配备计划

车辆配备计划是为完成全日行车计划而制订的车辆保有数安排计划。

3. 列车交路计划

在轨道交通线路的各个区段客流量不均衡的情况下，采用合理的列车交路安排是运输计划的一个重要组成部分。列车交路计划规定了列车的运行区段、折返车站和按不同列车交路运行的列车对数。

四、客运组织工作的主要内容

1. 客运公司（或运营公司）客运组织工作的主要内容

（1）完成客流调查、预测等基础资料的准备工作。

（2）完成年度客运计划。

（3）编制、审定、修改客运组织的有关规章制度。

（4）制订车票印制计划。

（5）制订列车开行计划，审批加开列车计划。

2. 站段客运组织工作的主要内容

（1）贯彻执行有关规章、命令、指示。

（2）编制和下达、执行季度计划和月计划。

（3）制订车站客运管理办法，并执行该办法。

（4）组织协调各车站完成客运计划。

（5）实施客流调查工作，车站检、售票工作，卫生与服务工作。

五、日常客流组织

影响客运组织的因素较多，不同类型的车站其客运组织的内容有着较大的区别，中小车站的客运组织比较简单，而大车站、换乘站因客流较大、客流方向比较复杂，其客流组织也比较复杂。相对于岛式站台的车站，侧式站台的车站容易将不同方向的客流分开，但不利于乘客的换乘，售、检票设置较分散，不利于车站组织管理。

车站日常客流组织主要由进站客流组织、出站客流组织、换乘客流组织三部分组成。

1. 进站客流组织

按照进站客流的路线流程组织进站客流时需注意以下几点。

（1）组织引导客流经出入口、楼梯、自动扶梯（或垂直电梯），通过通道进入车站站厅层非付费区。

（2）组织引导部分乘客在自动售票机、客服中心或临时票亭购票后检票通过进站闸机进入付费区，并引导其余持储值票或次票、周票等不用购票的乘客直接检票通过进站闸机进入付费区。引导乘客进站如图 7-2 所示。

图 7-2　引导乘客进站

（3）乘客入闸检票或人工检票进入站厅付费区后，组织引导乘客再通过楼梯、自动扶梯（或垂直电梯）进入站台层候车。

（4）乘客到达站台，应组织引导乘客站在黄线外候车。引导乘客在车门口候车如图 7-3 所示，引导乘客通过导向标识和乘客资讯系统选择乘车方向和了解列车到发时刻。

（5）列车到站停稳开门后，引导乘客按先下后上的顺序下车和乘车，站台工作人员需要很好地做好组织工作，防止乘客抢上抢下造成的安全问题和纠纷。车停后引导乘客先下后上如图 7-4 所示。

图 7-3　引导乘客在车门口候车

2．出站客流组织

（1）乘客下车后到达车站站台，组织引导其经楼梯、自动扶梯（或垂直电梯）进入站厅层付费区。

（2）通过出站闸机（单程票出闸时将被收回）或人工检票，进入站厅层非付费区后，组织引导乘客（通过导向标志）找到相应的出入口，经通道、出入口出站。

图 7-4　车停后引导乘客先下后上

（3）组织引导车票车资不足（无效车票）或无票乘车的乘客到客服中心办理相关乘客事务。

3. 换乘客流组织

按照换乘的地点，客流换乘主要有以下两种。

（1）付费区换乘。乘客到达换乘站下车后，不需通过出站闸机，直接在付费区内根据换乘导向标志指引经楼梯、自动扶梯（或垂直电梯）、换乘通道或平台等到达另一站台层换乘候车。付费区换乘一般包括同站台平面换乘、站台立体换乘及通道换乘。这种换乘组织要求有良好的引导标志和通道设计，在容易出差错的地点安排工作人员引导，保证乘客尤其是初乘者安全顺利完成换乘。付费区换乘如图 7-5 所示。

图 7-5　付费区换乘

（2）非付费区换乘。乘客到达换乘站下车后，根据换乘导向标志指引，需经楼梯、自动扶梯（或垂直电梯）到达站厅层付费区，通过出站闸机进入非出付费区或出站，到另一线路重新进入付费区或进站进行换乘。这种换乘组织需要最大限度缩短乘客的行走距离，配置良好的衔接引导标志，并且需要避免这部分客流与其他客流的交叉干扰。

按照城市轨道交通不同线路间的换乘方式，可分为站台换乘、站厅换乘、通道换乘、站外换乘和组合换乘几种类型。

① 站台换乘。站台换乘有两种方式，即同站台换乘（见图 7-6）和上下层站台换乘。同站台换乘是指两条不同线路的站线分设在同一站台的两侧，乘客可在同站台换乘；上下层站台换乘是指乘客由一个站台通过楼梯或自动扶梯到另一站台直接换乘。

图 7-6　同站台换乘

② 站厅换乘。站厅换乘是指乘客由一个站台通过楼梯或自动扶梯到达另一个车站的站厅或两站共用站厅，再通过站厅前往另一站台乘车的换乘方式。站厅换乘一般用于相交车站的换乘，换乘距离比站台换乘要长。若换乘过程中需要进出收费区，检票口的能力可能成为限制因素。

③ 通道换乘。通道换乘是指在两个或几个单独设置车站之间设置联络通道等换乘设施，方便乘客完成换乘。通道可直接连接两个站台，这种方式换乘距离较近，换乘时间较短。通道还可连接两个站厅收费区，换乘距离相对较远，换乘时间较长。一般情况下，换乘通道长度不宜过长，换乘通道的宽度可根据客流状况加宽。

④ 站外换乘。站外换乘是指乘客在车站付费区以外进行换乘。这种换乘方式往往是客观条件不允许或设计不当造成的。乘客换乘路线可分割为出站行走、站外行走。在所有换乘方式中，站外换乘所需的换乘时间和换乘距离最长，给乘客的换乘带来很大不便，应尽量避免。

⑤ 组合换乘。上述两种以上换乘方式组合而成的一种换乘方式，实践中往往是几种换乘方式的组合，以便使所有换乘方向的乘客均能实现换乘（见图 7-7）。

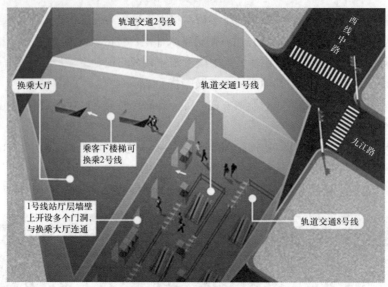

图 7-7　组合换乘

六、特殊客流组织

城市轨道车站的特殊客流组织主要指大客流组织和突发事件客流组织。

1. 大客流组织

当车站发生可预见性大客流或突发性大客流时，车站应合理安排人员，对客流做好疏导和组织工作，并与地铁公安一起对客流进行控制。客流控制应坚持"由内至外，由下至上"的原则，在车站出入口、进站闸机、站厅与站台的楼梯、电扶梯处进行重点控制。

（1）大客流的定义

大客流是指车站在某一时段集中到达的、客流量超过车站正常客运设施或客运组织措施所能承担的客流量时的客流。

大客流一般在大型文体活动散场时或重要节假日期间发生，主要表现为非常拥挤或极度拥挤、乘客流动速度明显减缓、客流交叉干扰严重等，因此大客流对乘客的出行造成不利影响、对运营安全造成较大威胁。

（2）大客流的分类

根据大客流产生的影响和后果不同，大客流可分为一级大客流和二级大客流。

从客流的时效性和产生原因还可对大客流进行详细分类，如可预见性大客流、突发性大客流或节假日大客流、暑期大客流、大型活动大客流、恶劣天气大客流等。其中，节假日大客流、暑期大客流和大型活动大客流为可预见性大客流。

（3）大客流的特点

① 节假日大客流特点。节假日大客流主要由购物休闲、旅游观光和返乡探亲等乘客构成，在国家法定的元旦、春节、劳动节、清明节、中秋节和国庆节假期内，地铁各站客流较平时有大幅上升，购买单程票和初次乘坐地铁的乘客居多。

② 暑期大客流特点。暑期大客流主要由购物休闲、旅游观光和放暑假的学生等乘客构成，每年 7、8 月地铁各站客流较平时有明显增加。大客流高峰时段一般集中在每日的 8：00～16：00。

③ 大型活动大客流特点。大型活动大客流的特点是在特定时间段（如大型活动结束后）客流

会显著增加，一般都在周末出现，因大客流所发生的时间和规模大多可预见，且持续时间较短，影响范围有限，故通常只对该活动地点附近的车站影响较大。大型活动大客流主要由参加活动的乘客构成。

④ 恶劣天气大客流特点。恶劣天气大客流是指在出现酷暑、大雨、台风等恶劣天气时，地面交通受到较大影响，市民改乘地铁，造成地铁车站客流明显增加，对车站客流组织带来一定困难。

（4）大客流的组织

大客流的组织应在保证疏散客流安全的前提下，尽快地疏散客流。大客流组织的主要措施包括以下几方面。

① 增加列车运输能力。根据大客流的方向，在大客流发生时，利用就近的折返线、存车线组织列车运行方案，提高列车运输能力，从而保证大客流的疏散。因此，提高列车的运输动力是大客流组织的关键。

② 提高售、检票能力。售、检票能力是大客流疏散的主要障碍，因此车站在设置售、检票位置时应考虑提供疏散大客流的通道。在大客流疏散时，可事先做好票务服务及相关服务设备设施的准备工作。具体有以下几点。

a. 售、检票设备的准备。

b. 车票和零钞的准备。

c. 临时售票亭的准备。

d. 自动扶梯和垂直电梯的准备。

e. 临时导向标志和隔离设备的准备。

f. 其他客运设备设施的准备。

③ 启动大客流控制办法。大客流往往是难以预测的，因此为保证大客流发生时客流的安全，各车站应该根据本站具体情况建立切实可行的大客流控制预案办法，合理组织并安排各岗位和地点的具体工作，迅速缓解车站压力，避免意外发生。具体有以下几点。

a. 合理地制订控制原则。

b. 明确客流控制组织机构分工原则。

c. 坚持集中领导、统一指挥的原则。

④ 大客流控制具体措施（三级人潮控制）。根据各城市轨道运营单位的具体情况制订大客流控制的具体措施以保证控制客流的顺利实施。具体有以下几点。

a. 制站台客流。

b. 控制付费区客流。

c. 控制非付费区客流。

⑤ 大客流组织办法。各城市轨道运营单位制订大客流的组织办法不尽相同，大致内容及程序如下。

a. 值班站长应及时报告行调，行调通过监控系统加强对车站客流情况的监控。

b. 车站应加强现场疏导工作，增加工作人员，利用隔离带做好秩序维护和服务组织工作。

c. 车站应在适当位置增设临时售票点，出售预制票，避免乘客排长队购票的情况出现。

d. 车站根据现场情况，利用告示牌、临时导向标志、车控室广播设备、手提广播，适时做好乘客的宣传、引导工作。

e. 车站行车值班员应通过监控系统，加强对现场情况的监控工作。

f. 车站加强对出入口、站厅、站台客流的监控及疏导，避免站厅非付费区内人员过度拥挤或流通不畅的情况出现。

g. 车站根据客流情况，实行楼梯和自动扶梯、闸机、出入口三级控制。

h. 当站台发生拥挤时，车站应采取关闭部分自动售票机、进站闸机的措施，以减慢乘客购票进站速度，控制进站客流，或在某些出入口实行单向疏导方式，缓解站内客流压力。

i. 站台保安应密切注意站台和列车情况，一旦发生列车上乘客拥挤、乘客上车有困难的情况，车站要马上向控制指挥中心请求加开列车。

j. 列车司机发现有乘客上不了车或影响车门、屏蔽门关闭时，应及时报告行调，并做好广播引导乘客，车站人员迅速与司机共同处理。

2. 突发事件客流组织

突发事件是指在没有任何征兆的情况下，在城市轨道交通车站内、列车上或其他设备设施内突然发生的危及人身安全的事件，如自然灾害地震、爆炸、设备故障火灾等，突发事件发生时在车站内或列车上的客流均称为突发事件客流。各车站应该根据本站具体情况建立切实可行的突发事件客流组织预案，合理组织安排各岗位和地点的具体工作，迅速疏散客流，避免意外发生、扩大和蔓延。

当发生突发事件时，车站可根据实际情况采用不同的客流组织办法对乘客进行疏导，主要有疏散、清客、隔离三种办法。

（1）疏散。疏散是指在紧急情况下，利用一切通道和出口迅速将乘客从危险区域全部转移到安全区域，包括车站疏散和隧道疏散。

（2）清客。清客是指当车站或列车出现异常时，需要将乘客从某一区域全部转移到另一区域，包括车站清客和列车清客。

（3）隔离。隔离是指采用某种方式或设备人为地隔开人群或封闭某个区域。根据造成隔离的原因，隔离的组织方法分为非接触纠纷隔离、接触式纠纷隔离、客流流线隔离、疫情隔离。

任务五　城市轨道交通的票务组织

一、车票的发展历史

车票是乘客乘坐交通工具的票据或凭证。在早期，乘客乘坐地铁一般都采用纸票作为车票，该形式下地铁运营就需要大量的员工进行售票和检票工作，效率极其低下，在现金管理上容易存在漏洞。另外，纸票只能使用一次，不能重复使用，容易造成资源浪费。

城市轨道交通
的票务组织

轨道交通的车票体系大致可分成三个阶段。

1. 轨道交通运营初期阶段

采用纸质车票，单一票价。北京地铁直到 2007 年才取消纸票。

2. 自动售检票系统的初始阶段

采用计程、计时票价制。车票媒介包括磁卡车票和 IC 卡，上海地铁多采用磁卡车票。

3. 现代化联网收费系统阶段

使用非接触式 IC 卡作为车票媒介，除单程票等形式的车票外，还推出"一票通"和"一卡通"两种通用性车票媒介，方便服务乘客。

"一票通"车票用于城市轨道交通系统内出行，实现不出站换乘不同线路。

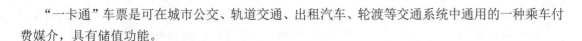

"一卡通"车票是可在城市公交、轨道交通、出租汽车、轮渡等交通系统中通用的一种乘车付费媒介，具有储值功能。

二、车票分类

由于不同国家、不同地区所采取的扶持政策不同，因此各地的票卡种类也存在很大的差异。

（1）按车票的使用性质分，可分为单程票、储值票（见图 7-8）、许可票或特种票三大类。

（2）按车票的构造原理分，可分为纸制票、磁卡票（见图 7-9）、IC 卡等。

（3）按车票的外形分，可分为卡式、筹码式（见图 7-10）等。

（4）按车票的计价方式分，可分为计次票、计时票（见图 7-11）、计程票、计时计程票、计时计次票或许可票等。

图 7-8　储值票

图 7-9　磁卡式车票

图 7-10　筹码式车票

图 7-11　计时票

三、票制与票价

城市轨道交通的票价政策应符合市民收入水平，能够有效吸引市民将其作为首选出行工具，并能为交通行业的各个参与方（政府、运营管理部门和乘客）创造最大效益。

城市轨道交通的票价政策主要包含票价结构、票价水平、车票种类及根据不同乘客需要确定的票价。

1. 票制

票价制式就是指票价的不同组合形式，简称票制。票制可分为单一票制、计程票制、计时票制和分区票制。

（1）单一票制。单一票制是指不论乘行距离远近，票价均相同的计算票价的方法。

优点：售票简单，效率高，进站检票，出站不检票，可减少车站管理人员。

缺点：乘客支付的车费不够合理，无论路途远近，都支付同样的车费，且给票价的制定带来了困难。

（2）计程票制。计程票制是指按乘车里程计算票价的方法，分段票制也属于计程票制，是按站数分段计算票价的方法。该票制可以克服上述缺点，但售检票手续烦琐，需要的检票人员多。

（3）计时票制。计时票制是指按照乘客在轨道交通系统中停留时间计费的票制。

（4）分区票制。分区票制是指将交通线网分成若干区，在同一区中出行只需支付该区的票价，而一旦越区则需额外支付。

2．票价

票价是交通运输企业提供的产品的销售价格。

城市轨道交通作为城市公共交通的一个组成部分，带有公益性质，不能单纯追求盈利，其票价不仅取决于本身运营成本，还受其他交通方式的票价水平、城市发展水平、市民生活水平、物价政策、企业交通补贴费用以及乘客承受能力等多种因素的制约。

四、车票的主要种类

1．单程票

单程票是指乘客以一定金额购得一次旅程服务承诺，只可进行一次进站和一次出站行为的车票。

单程票一般分为以下几种。

（1）普通单程票。它是单程票中使用最多、最广的一种车票，乘客购票时完成对票卡的赋值。当日当站（按参数设置）限时限距使用，出站回收。

（2）应急票。应急票有两种形式：一种是预先对一定数量的车票进行赋值，由车站工作人员人工发售，应急票的使用方式与普通单程票相同，只是由于其进行了预先赋值，因此对资金及票卡的管理措施有更多要求；另一种是将票卡进行应急专用编码，在进站时发放给乘客，当乘客在到达站出站时要根据乘坐情况进行补票，该方式可解决大客流进站时售票能力不足的问题。

（3）纪念票。为某种题材专门制作的纪念性票卡，可供收藏用，另定价发行，在有效期内可以使用，不计程，出站不回收。

（4）优惠票。根据条件给予一定折扣优惠的车票，如批量购买、某项活动等。

单程票从使用范围来看，一般只限制在轨道交通内部循环使用。采购单程票后首先要经过初始化工作，在票内写入密钥，并在数据应用区写入票卡类型、有效期等信息；然后配发到车站通过自动售票机和票务处理机进行发售，乘客乘坐地铁出站时由出站闸机自动回收，回收后的车票可在车站循环使用，异常车票需要交回车票主管部门重新进行初始化。这样可以降低每乘次的票卡媒介使用成本，但也会给票卡管理增加物流管理等难度。

2．储值票

储值票是指可反复充值以保证车票内预存有一定资金，在金额足够的情况下可多次使用，每次使用时根据费率表扣除乘车费用的车票。储值票一般分为记名储值票和不记名储值票。记名储值票卡内保存持卡人的个人信息，如持卡人的姓名、性别、身份证号等，卡面可根据需要印刷持卡人的姓名、性别、身份证号和照片等。记名储值票可以挂失，并可以享受信用消费和信用增值以及其他特殊服务。表面印有个人化信息的记名储值票一般不允许转让使用，也不能退还。记名储值票主要有个人记名储值票、学生票、员工票、家属票、老人免费票、残疾人免费票、伤残军人免费票等。不记名储值票票上没有持票人的个人信息，通常使用后若无污损可以将车票退还给发卡公司重新发行使用。但不记名储值票卡不能挂失，不能享受信用消费和信用增值服务。储值票的卡内金额一般都有一定的上限，不同的城市规定不同，如深圳市储值票的卡内金额最高为 1 000 元。

储值票可分为以下几种。

（1）普通储值票。它是储值票中使用最多、最广泛的一种车票，可反复充值使用，每次使用时根据费率扣费。

（2）优惠票。根据需要给予一定折扣优惠的车票，如老人、儿童票等。

（3）纪念票。为某种题材专门制作的纪念性票卡，可供收藏用。

3. 许可票或特种票

许可票是一种不同于单程票和储值票的特殊票种，由运营方根据某种特殊需要，针对某些群体的特殊需求，以吸引或方便他们来乘坐地铁为目的而发行的，赋予特定的使用许可的一种车票，在限定条件下具有一定的优惠。许可票主要包括日票、周票、月票、次票、旅游票、公务票和测试票等。

（1）公务票。供轨道交通相关的从业人员工作使用。

（2）测试票。测试票是一种对自动售检票系统设备进行维护诊断的特殊车票，只能在设备处于维护模式由维修人员测试设备时使用。

（3）出站票。出站补票时使用，发售当日当站有效，出站回收。

（4）应急票。预先对一定数量的车票进行专项编码，进站时由车站工作人员人工发放。应急票的使用方式与普通单程票相同，出站回收，但在出站时按实际乘坐情况进行补票。该票种主要是为避免大客流对部分车站的购票或进站产生冲击，采取先放行进站、再分散到出站口进行补票的处理方式。

（5）乘次票。被赋予固定乘次许可，在有效期及许可范围内可以重复使用。通常该种车票在使用时只计次数，不计里程。

五、售检票的方式

1. 开放式售检票

开放式售检票是指车站不设检票口，乘客在上车前或在列车上付费，车上有随机查票，并进行补票与罚款的售检票方式。

2. 封闭式售检票

封闭式售检票是指车站设检票口，乘客进出收费区进行检票并完成收费的售检票方式。封闭式售检票又有传统的人工售检票、半自动售检票和先进的自动售检票三种方式。售检票方式的比较见表 7-4。

表 7-4　　　　　　　　　　　售检票方式的比较

类型	定义	特点
人工售检票方式	一种完全由人工来完成售票、检票和票务数据统计的方式	设备投资少，但需要大量的票务人员，占用车站较大空间，乘客在售检票过程中花费的时间较长
半自动售检票方式	一种由人工参与、设备辅助来完成售票、检票的票务数据统计方式	需要配备的票务人员相对较少，提高了系统自动化程度，在票务统计上实行了自动化管理，乘客在购票、检票等过程中花费的时间相对较少
自动售检票方式	一种完全由乘客自行操作售票设备来完成售票、检票，并由设备自动完成票务数据统计的方式	为乘客提供人性化的操作界面，让乘客方便、快捷地乘坐轨道交通，但一次性设备投入较大（如上海轨道交通 8 号线 AFC 系统投入了 3 亿元）

3. 自动售检票系统

自动售检票（Automatic Fare Collection，AFC）系统是基于计算机技术、网络技术、自动控制技术等技术，能够实现购票、检票、计费、收费、统计全过程的自动化系统。

（1）AFC 系统发展简况。

巴黎地铁在 20 多年前就采用了当时先进的磁卡 AFC 系统，东京地铁在 1988 年 4 月开始应用磁卡 AFC 系统，上海地铁在 20 世纪 80 年代末率先开始 AFC 系统的研究。

（2）AFC 系统组成简况。

AFC 系统是集电子技术、计算机通信和微机实时控制等于一体的自动收费系统和数据库系统。在轨道交通 AFC 系统的发展过程中，先后出现过磁卡 AFC 系统、磁卡和 IC 卡兼容 AFC 系统、IC 卡 AFC 系统三种技术制式。

AFC 系统由轨道清分系统、中央计算机系统、车站计算机系统、终端设备和车票卡五个层次组成，如图 7-12 所示。

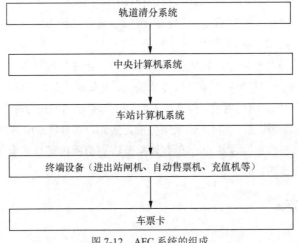

图 7-12　AFC 系统的组成

AFC 系统各层次的简介如下。

（1）轨道清分系统。主要提供系统控制、数据收集统计、票务清算等功能，是 AFC 系统的核心部分。

（2）中央计算机系统。包括小型机系统、数据系统、监控工作站、数据传输设备、票卡编码及初始化设备等。

（3）车站计算机系统。系统包括车站计算机、监控工作站、数据传输设备等。

（4）终端设备。包括自动检票机（见图 7-13）、自动售票机（见图 7-14）、半自动售票机、自动验票机（见图 7-15）和自动充值机（见图 7-16）等。

车票卡不做介绍。

图 7-13　自动检票机

图 7-14　自动售票机

图7-15　自动检票机

图7-16　自动充值机

4. AFC 系统的优势

（1）方便乘客。

（2）有效地减少甚至消除员工舞弊、欺诈行为。

（3）提供灵活的票价政策。

（4）为城市各个公交运营单位之间的票务清算提供准确依据。

（5）为城市公共交通规划提供准确的、客观的客流和票务统计依据。

项目拓展

广州地铁道岔故障连续发生 3 次被迫清客

2012 年 2 月 18 日 14 时，广州地铁 8 号线凤凰新村站因道岔故障无法正常运行，在停车 15 min 后被迫清客。尽管广州地铁在 2012 年 2 月 15 日 1 号线道岔故障时声明此故障为偶发性故障，但如此小概率事件在短短一周内接连出现 3 次之多。有知情人士大胆猜测，可能是季节交替等天气原因造成的。

列车出故障被迫清客

2012 年 2 月 18 日 14 时，乘客严先生在广州 8 号线凤凰新村站上了一列正要开往万胜围站的地铁后，发现列车迟迟没有开动，车门大开着。其间，不断有乘客上车。等待了 15 min 左右，终于出现了一名工作人员，该工作人员示意车上乘客全部下车，表示地铁出现了些问题。严先生下车后，看见几位工作人员来回跑动。之后，站台的屏幕转换成绿屏，这时他这才知道是地铁出现了故障，地铁工作人员启用了该站台对面的一个备用站台。"平时这个站台是不用的。"一名现场工作人员透露。地铁工作人员组织滞留在站台上的乘客移步至另一侧站台候车，几分钟后，一列列车驶来接走滞留乘客，出发驶往万胜围站方向。

道岔故障停运 35 min

2012 年 2 月 18 日 14 时 3 分，广州地铁通过官方微博通报了 8 号线故障信息。事发当日 13 时 48 分，凤凰新村站出现道岔故障，技术人员正在加紧恢复。故障出现后，前往凤凰新村方向的乘客需在昌岗站换车。其间，地铁工作人员通过手机短信、车站广播、车站电视向乘客做了故障通知。8 号线沿途各站均受故障影响，滞留了不少乘客。

至事发当日 14 时 23 分，凤凰新村站道岔恢复正常，8 号线逐步恢复正常运行模式。

项目操作

1. 描述站台作业，或学生分组模拟站台作业。
2. 调研某个车站的客流状况，分析采取的客流组织措施，并撰写一篇调研报告。

项目考核

1. 城市轨道交通运营组织的特点。
2. 城市轨道交通运行调度工作的基本任务。
3. 车站行车的基本制度有哪些？
4. 客运组织的工作要求。
5. 客运组织的主要内容。
6. 城市轨道交通不同线路间的换乘方式有哪些？
7. 车票的分类。
8. AFC 系统的组成。

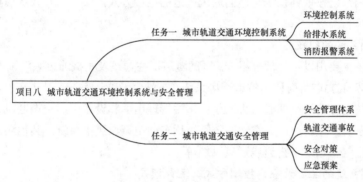

项目八
城市轨道交通环境控制系统与安全管理

学习目标

- 能够说出城市轨道交通环境的特点。
- 能够了解城市轨道交通给排水设备和消防报警系统。
- 能够正确陈述城市轨道交通的安全管理要求。
- 能够掌握城市轨道交通的应急预案。

思维导图

```
                                          环境控制系统
                    任务一  城市轨道交通环境控制系统    给排水系统
                                          消防报警系统

项目八  城市轨道交通环境控制系统与安全管理

                                          安全管理体系
                                          轨道交通事故
                    任务二  城市轨道交通安全管理
                                          安全对策
                                          应急预案
```

项目导学

城市轨道交通作为公共客运系统，已成为城市交通的重要干线，在城市的建设和发展中越来越受到重视。随着国民经济的快速发展和城市综合实力的日益增强，城市轨道交通建设面临前所未有的发展机遇。与此同时，人们对城市轨道交通的舒适及安全问题也变得空前重视，建立城市轨道交通的环境控制及安全体系迫在眉睫。

任务一　城市轨道交通环境控制系统

一、环境控制系统

1. 环境控制系统的概念

环境控制系统简称 BAS（Building Automatic System）。地铁环境影响乘客和操作人员的舒适性，这些影响因素包括湿度、温度、空气流动、噪声、灰尘、气味等。因此，要为满足人体舒适度而对地铁环境进行控制。

城市轨道交通
环境控制系统

环境控制系统是一套可以对环境进行空气处理的系统，主要调节指定区域内的空气湿度、温度，并控制二氧化碳、粉尘等有害物质浓度，环境控制涵盖的地点包括车站站厅、站台、隧道、设备及管理用房等。

2. 环境控制系统的作用

（1）列车正常运行时，环境控制系统保证地铁内部空气环境在规定标准范围内。

（2）列车阻塞在区间隧道内时，环境控制系统能确保隧道内空气流通。

（3）列车在区间隧道发生火灾事故时，具备防灾、排烟、通风功能。

（4）车站内发生火灾事故时，具备防灾、排烟、通风功能。

3. 环境控制系统的分类

环境控制系统按车站建筑类型分为地面高架车站、地面车站和地下车站三种类型，按环境控制对象可分为地面车站（含地面高架车站）、地下车站、地下区间隧道、主变电站、牵引变电站等。其中，地下车站环境控制系统又分为屏蔽门系统和非屏蔽门系统。

（1）屏蔽门系统是指在站台与区间隧道之间设置完全隔断、可以移动的屏蔽门，列车停站时屏蔽门与列车门一一对应打开，列车出站时屏蔽门关闭。这一物理屏障将巨大的列车产热拒于车站外，站内采用空调制冷系统，保证站内温度符合标准。而区间隧道则利用列车运行活塞风，通过风井与室外进行通风换气，满足区间通风要求。

（2）非屏蔽门系统按地铁系统与地面通风风道的连接方式，又分为开式环境控制系统和闭式环境控制系统。

4. 环境控制系统的组成

环境控制系统主要由以下几部分组成：区间隧道活塞通风及机械通风系统（兼排烟）；车站区间排热系统（屏蔽门方式），简称为隧道通风系统；车站空调通风系统，其中车站的站厅、站台公共区空调通风系统简称车站空调通风大系统；车站管理用房和设备用房空调通风系统（兼排烟）以及主变电所、牵引变电所通风与空调系统，简称车站空调通风小系统；其他还有空调制冷循环系统、隧道洞口空气幕系统、折返线通风系统等。

5. 环境控制系统的主要设备、控制方式及运行模式

（1）主要设备

① 冷水机组。冷水机组是环境控制系统中的主要设备，为地铁车站中央空调提供冷源。上海地铁按压缩机的压缩型式目前共有三种类型的冷水机组：活塞式冷水机组、离心式冷水机组和螺杆式冷水机组，如图8-1所示。

（a）活塞式冷水机组　　　　（b）离心式冷水机组　　　　（c）螺杆式冷水机组

图8-1　冷水机组

② 空调机组。空调机组是地铁环境控制系统中空气集中处理设备，可完成对空气的多种处理功能，包括对空气的过滤、冷却、加热、去湿、消声、新风和回风混合等。地铁地下车站夏季空

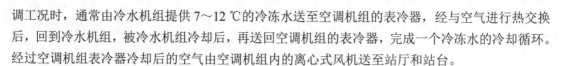

调工况时，通常由冷水机组提供 7～12 ℃的冷冻水送至空调机组的表冷器，经与空气进行热交换后，回到冷水机组，被冷水机组冷却后，再送回空调机组的表冷器，完成一个冷冻水的冷却循环。经过空调机组表冷器冷却后的空气由空调机组内的离心式风机送至站厅和站台。

③ 风机。地铁环境控制系统中，使用两类风机：轴流风机和离心风机。轴流风机的特点是风压较低、风量较大、噪声相对较大；离心风机的特点是风压高、风量可调、噪声相对较低。在地铁环境控制系统中，按风机的用途和作用可分为：地铁区间隧道用的事故冷却风机；通风季节用的全新风机；空调季节用的空调新风机、回排风机；空调及通风季节用的排热风机；设备用房用的送风机、排风机；管理用房用的送风机、排风机；主变电站、牵引变电站、降压变电站用的送风机、排风机等风机，其中排风机一般兼做排烟、排毒风机。此外，地铁车站在重要场所还专门设有排烟、排毒风机。在地铁车站的两端设有事故冷却风机，负责区间隧道的通风；还设有热排风机，排走电动列车在停站时散发的热量。

④ 水泵。地铁中央空调水系统中使用的水泵，采用的是 IS 系列单级离心水泵，用作冷冻循环水和冷却循环水的动力。

⑤ 冷却塔。在制冷装置中，冷凝器冷却方式最为普遍的是水冷式，水冷式冷凝器必须使用一套冷却水系统。冷却塔作为冷却水系统的降温设备，广泛地被应用在中央空调的水系统中。冷却水在冷水机组的冷凝器中吸热，温度升高，通过冷却水泵送到冷却塔的布水器中。在布水器中，冷却水被喷淋，形成细小水滴，流经填料层时形成薄薄的水膜，最后流到塔底。

⑥ 阀门。在地铁环境控制系统中，阀门被广泛地应用在工况调节、流量控制、防火排烟等系统中。阀门按大类可分为风阀及水阀。风阀被大量地应用到通风系统及中央空调系统中；水阀主要应用在冷却循环水和冷冻循环水中。

⑦ 风口。风口又称空气分布器，用来向房间送入空气或排出空气，在通风管道上设置各种类型的送风口、回风口及排风口，并调节送入或排出的空气量。

（2）控制方式

环境控制系统的控制方式通常采用中央级、车站级和现场级三种控制方式，其中现场级具有最优先控制权。

（3）运行模式

环境控制系统的运行模式通常分为正常状态运行和非正常状态运行。

二、给排水系统

城市轨道交通给排水系统为轨道交通运营提供所需的生活、生产、消防用水，收集生活、生产、消防废水及雨水等，通过车站排水泵站提升后排出车站。

1. 给水系统

车站给水系统主要由四个独立系统组成，即车站生产生活供水系统、消火栓供水系统、水幕供水系统和空调冷却循环水系统。车站的生产、生活、消防水源源自城市自来水供水管网。下面主要介绍车站生产、生活用水，车站消防给水。

（1）车站生产、生活用水

车站生产、生活给水由车站附近的大口径自来水管道引出。地面车站生活、生产给水采用直接供水方式。

（2）车站消防给水

车站的消防给水根据车站附近城市自来水管网实际情况，采用两路进水方式供消防使用。有条件时尽量分别采用两根城市自来水管道引入水源。当车站附近只有一根城市自来水管道时，则在城市自来水管道上加设一个阀门，并在两侧引出两根进水管道引入车站。总进水管道为 DN200 两路管道，在地面设有水表井和阀门。

① 消火栓系统。消火栓系统由水枪、水带、消火栓、消防管道、消防水池、高位水箱、水泵结合器及增压水泵等组成。

消火栓系统给水分室外与室内。室内、室外进水管从城市水网引入不少于两路水源，其中一路备用。

室外消火栓分壁式与地面式两种，使用时在消火栓接口上连接水带、水枪，打开水枪阀即可灭火。

室内消火栓系统两路水源进入车站消防泵房后每路各有一台水泵加压，出消防泵房后在车站内形成环状布置，并与隧道区间内的消火栓管道相通。每个地下车站消火栓增压水泵负责 1/2 区间隧道内消火栓的增压。室内使用消火栓箱如图 8-2 所示，箱内配置水枪、水带和消火栓，使用时在消火栓接口上连接水带、水枪，打开水枪阀即可灭火。

图 8-2 室内使用消火栓箱

② 水幕系统。水幕系统设备用于车站的防火隔离水幕喷头，设在各站站台层的每个扶梯口，由城市自来水管网两路供水，经消防泵房水泵增压后在车站内形成独立的水幕系统环状管网布置。

2. 排水系统

轨道交通排水系统除重力排水外，机械排水主要有以下五个独立排水方式，车控室通过自动控制系统对设备运行进行监视。

① 车站废水排水。车站废水主要包括结构渗漏水、冲洗废水、消防废水以及敞开部位的雨水、车站站厅层和站台层的冲洗废水。一般车站内设 1~2 座废水泵站，位置均设在车站的端头，集水池设在废水泵层下部。

② 区间隧道排水。区间隧道内主要有结构渗漏水、消防废水、冲洗废水等。轨道交通采用高站位线路结构，所以在两地铁车站之间中部的线路低洼处设置排水泵站，大部分排水泵站设置在上、下行线两路之间的联络通道中，废水由线路两侧明沟汇集到泵站集水池。

③ 车站污水排水。车站内生活污水由排水管道汇集至污水池。污水池设在污水泵站下部。

④ 渗漏水排水。在车站敞开式出入口和自动扶梯下，设有两台排水泵。其集水池主要汇集敞开式出入口的雨水和车站结构渗漏水。

⑤ 在地下车站的风井等部位设有泵站和集水池，主要汇集风井口雨水和车站结构渗漏水。

城市轨道交通车站的排水系统主要有车站废水排水泵站、污水排水泵站、出入口排水泵站、地下结构渗漏水和车站风井排水泵站、区间排水泵站和电缆层排水泵站。

三、消防报警系统

消防报警系统简称 FAS（Fire Alarm System），与其相关的消防系统有自动气体灭火系统、机电设备监控系统、给排水系统、固定灭火系统和防排烟系统等。

FAS 的探测点分布在站厅、站台、设备用房和管理用房等处所，对保护区域进行火灾监控。

1. 消防报警系统功能

消防报警系统如图 8-3 所示，它的功能是：通过火灾报警控制器（见图 8-4）自动捕捉火灾监测区域内火灾发生时的烟雾或热气，发出声光报警，通过输出接点控制自动灭火系统、事故照明、事故广播、消防给水和排烟等系统实施救灾，以实现监测、报警和灭火的自动化。

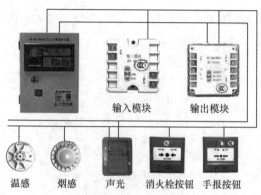

图 8-3　消防报警系统

图 8-4　火灾报警控制器

2. 火灾自动报警系统组成

火灾自动报警系统由报警主机、外围设备、管网及网络等设备组成。外围设备由手动报警器、火灾报警模块、电话、探测器等组成。下面主要介绍报警主机、探测器、手动报警器和火灾报警模块。

（1）报警主机

报警主机是消防报警系统的核心设备，是分析、判断、记录和显示火灾的部件。报警主机也称报警控制器，它是通过探测器不断向监视现场发出巡测信号，监视现场的烟雾浓度、温度等，并由探测器不断反馈，报警控制器将返回的代表烟雾浓度或温度的电信号与控制器内存的现场正常整定值进行比较，判断并确定是否发生火灾。当确认发生火灾时，在报警控制器上首先发出声光报警，并显示烟雾浓度，显示火灾区域的地址编码并打印报警时间、地址等，同时向火灾现场发出警铃或电笛报警。与此同时，在火灾发生区域的相邻区域也发出报警信号，显示火灾区域；各应急疏散指示灯亮，指示疏散路线等；在火灾发生区域发出联动控制信号，使垂直电梯迫降于首层等。

（2）探测器

轨道交通消防报警系统所使用的探测器可分为感烟探测器、感温探测器、复合型探测器等如图 8-5 所示。

（3）手动报警器

手动报警器（见图 8-6）分为普通型和智能型两种。在火灾自动报警系统设计规范中规定，报警区内的每个防火分区至少应设置一只手动报警器。手动报警器按钮是手动触发装置，具有在应急状态下人工手动通报火警或确认火警的功能。

（a）感烟探测器

（b）感温探测器

（c）复合型探测器

图 8-5 消防报警探测器

（4）火灾报警模块

火灾报警模块按它们的使用功能可分为探测模块、控制模块、信号模块及输入输出模块。火灾报警模块如图 8-7 所示。

图 8-6 手动报警器

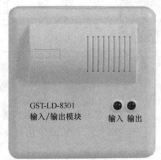
图 8-7 火灾报警模块

3. 固定灭火设施

用于轨道交通地面、地下、高架的固定灭火设施有以水为介质的消火栓灭火系统、自动喷水灭火系统和气体自动灭火系统。消防泵和喷淋泵分别是消火栓灭火系统、自动喷水灭火系统的主要供水设备，气体自动灭火控制盘、管网和电磁阀为气体自动灭火系统的主要设备。

（1）消火栓灭火系统

消火栓在轨道交通地面、地下和高架都是主要的消防灭火设备，除气体灭火外，消火栓还以水为灭火介质，是一种既及时又有效的灭火工具。系统由消防给水设备，即消火栓部分（包括给水管网、加压泵、水枪、水带等）和电控部分（包括启泵按钮、防灾报警器启泵装置及消防控制柜等）组成。为保证喷水枪在灭火时具有足够的水压，需要采用加压设备。常用的加压设备有两种：消防水泵和稳压给水装置。一般采用消防水泵，在每个消火栓内设置消防泵启动按钮，灭火时，用小锤击碎按钮上的玻璃小窗，按钮弹出，控制电路启动消防泵，达到灭火效果。消火栓灭火系统中消防水泵的启动和控制方式的选择与建筑物的规模和水系统设计有关，为确保安全，控制电路设计应简单合理。

（2）自动喷水灭火系统

自动喷水灭火系统是一种在发生火灾时，在火警信号驱动下自动打开喷头喷水灭火的消防设施。自动喷水系统由洒水喷头、报警阀组、水流报警装置、管道、供水设施等组成。

自动喷水灭火系统分为闭式系统、雨淋系统、水幕系统和自动喷水-泡沫联用系统。

① 闭式系统采用闭式洒水喷头，发生火灾时能自动打开闭式喷头喷水灭火。

② 雨淋系统也称开式系统。采用开式洒水喷头，由火灾自动报警系统或传动管控制，发生火灾时，能自动开启雨淋报警阀并启动供水泵向开式喷头供水灭火。

③ 水幕系统由开式洒水喷头或水幕喷头、雨淋报警阀组成，用于挡烟阻火和冷却分隔物。

④ 自动喷水-泡沫联用系统配置有供给泡沫混合液的设备，灭火时既可喷水又可喷泡沫。

采用闭式洒水喷头的自动喷水灭火系统，包括湿式系统、干式系统、预作用系统等。

城市轨道交通中一般使用的是湿式系统。

（3）气体自动灭火系统

气体自动灭火系统是固定灭火系统的一种灭火形式。轨道交通的 FAS 都是由自动报警系统和自动消防系统两部分组成的。前者是对火灾初期的探知和报警，后者是对火灾的及时扑灭和有效的防护。

气体自动灭火系统一般安装在车站的重要设备用房，如车站的通信机械室、信号机械室、降压站、牵引变电所、电器设备室等场所。轨道交通常用的气体灭火系统由卤代烷 1301 气体灭火系统、烟烙尽 442R 气体灭火系统、FM200 气体灭火系统和 1211 灭火系统构成。火情发生后，一般首先由火灾探测器报警（感烟、感温探测器），信号到达控制盘，经 CPU 处理、分析后，输出延时信号与 DC24 V 动作信号，关闭放火阀，启动瓶头阀。

自动灭火系统是在火警控制器的控制下启动水幕、水喷淋系统或自动喷射高效灭火剂。

4. 防排烟系统

（1）防排烟设备

轨道交通地下车站都配有防火、防烟、排烟系统。在消防联动控制系统中，报警主机应集中控制所有层面的防火门、防火阀、防火卷帘门、排烟机、送风机、排风机及空调、通风设施。

轨道交通的防排烟措施一般采用防火阀、防火门、防火卷帘门及送风机、排风机系统。防排烟设备的作用是防止烟气侵入疏散通道，而排烟设备的作用是防止烟气大量积累并防止烟气扩散到疏散通道。因此，防排烟、排烟设备是车站自动消防系统的必要组成部分。

防排烟措施还包括正压送风机、排烟风机、送风阀及排烟阀，以及防火卷帘门（见图 8-8）、防火门（见图 8-9）等设备与消防控制主机的联动功能，并在消防主机上显示各设备的运行情况，可进行联锁控制和就地控制。根据火灾情况打开有关排烟道上的排烟口，启动排烟风机，降下有关防火卷帘门及防烟设备，打开安全出口的电动门，关闭有关防火阀及防火门，停止有关防烟分区内的空调系统，同时打开送风口、关闭送风机等。

图 8-8　防火卷帘门

图 8-9　防火门

（2）与报警主机的联动

① 防火阀关闭与开启方式。

a. 防火阀关闭方式如下。

ⅰ. 当消防报警主机在自动模式下接收到报警信号，将自动关闭防火阀。

ⅱ. 当消防报警主机在手动模式下，可输入防火阀地址码，将其关闭。

ⅲ. 防火阀操作箱联动开关在手动模式下，按下其"关"按钮，使防火阀关闭。

ⅳ. 当环境温度达到70℃时，防火阀自动关闭或手动关闭。

b. 防火阀开启方式如下。

ⅰ. 若防火阀的关闭是由探测器报警而引起的，应先将消防报警主机设置到手动状态，然后将探测器复位，再手动打开防火阀。在紧急状态下，应先手动打开防火阀，然后再将探测器复位，等系统报警消除后，将火灾报警实时监控系统恢复到自动位置。

ⅱ. 若防火阀是由报警主机输入命令将其关闭的，应先撤销命令，再到现场打开防火阀或在防火阀操作箱上按"开"按钮，打开防火阀（操作箱联动开关必须在手动位置）。

ⅲ.若防火阀是自动关闭或手动关闭的,可直接在现场打开防火阀或在防火阀操作箱上按"开"按钮，打开防火阀（操作箱联动开关必须在手动位置）。

② 防火卷帘门关闭与开启方式。

a. 防火卷帘门关闭方式如下。

ⅰ. 当消防报警主机在自动状态下接收到报警信号，将自动关闭防火卷帘门。

ⅱ. 当消防报警主机在手动模式下，可输入防火卷帘门地址码，将其关闭。

ⅲ. 在防火卷帘门现场操作箱上，按下其"关"按钮，使防火卷帘门关闭。

b. 防火卷帘门开启方式如下。

ⅰ. 若防火卷帘门的关闭是由探测器报警而引起的，应先将消防报警主机设置到手动状态，然后将探测器复位，再手动打开防火卷帘门。在紧急状态下，应先手动打开防火卷帘门，然后再将探测器复位，等系统报警消除后，将火灾报警实时监控系统恢复到自动位置。

ⅱ. 若防火卷帘门是由报警主机输入命令将其关闭的，应先撤销命令，再到现场手动打开防火卷帘门，等系统恢复正常后，将报警主机恢复至自动位置。

ⅲ. 若防火卷帘门是现场关闭的，应在现场按"向上"按钮。

任务二　城市轨道交通安全管理

一、安全管理体系

1. 安全的定义

安全与危险是相对的概念，它们是人们对生产生活中是否可能遭受健康损害和人身伤亡的综合认识，按照系统安全工程的认识论，无论安全还是危险都是相对的。

城市轨道交通
安全管理

安全生产即是生产过程的安全，是指"不发生工伤事故、职业病、设备或财产损失"。

城市轨道交通安全，即是城市轨道交通运行或生产过程中不发生行车、客运人身伤亡，火灾爆炸，设备设施事故等。

2. 安全系统工程

城市轨道交通运输安全是一项系统工程，因此应该从系统工程的角度考虑安全问题。

安全系统涉及的范围极广，几乎与轨道交通系统的所有硬件、软件相关，它由下列基本要素构成。

（1）人。参与运输工作的人员，这涉及人的思想政治素质、业务素质、心理素质和生理素质。这四种素质都在不同程度上影响着运输生产的安全。

（2）设备。保证安全的重要条件。一方面，城市轨道交通应尽量采用先进设备来保证运输安全，设备的可靠与否会极大地影响运输安全；另一方面，也要充分发挥人的主观能动性来确保安全。在选定了系统设备的情况下，应坚持不懈地抓好设备可靠性管理，搞好设备的定期检修、维修、更新、布局和联控等。

（3）工作条件。工作环境及运输所处的自然环境。工作环境是指物理因素，如工作室的噪声、温度、湿度、振动、粉尘、光、热等；自然环境包括狂风、暴雨、大雾、高温等自然现象。

（4）管理。包括对人的管理（如一系列的工作制度以及班组结构、工时定额、训练、教育、思想政治工作等）、对设备的管理、行车组织以及事故救援等。

在这个系统中，某个环节出现问题，哪怕是微小的事故隐患，都可能引发事故，甚至使整个运输系统陷入瘫痪。

3. 安全管理的目的和要求

（1）安全管理的目的

以安全运营为中心，取得良好的经济效益和社会效益是城市轨道交通安全管理的目标。换言之，城市轨道交通安全管理的目的是"保障运营和乘客的人身安全"。

（2）安全管理的要求

① 安全生产管理原理。安全生产管理原理是从生产管理的共性出发，对生产管理中安全工作的实质内容进行科学的分析、综合、抽象与概括，所得出的安全生产管理规律。因此，安全生产原则是指在生产管理原理的基础上，指导安全生产活动的通用规则。在具体生产过程中一般以标准、规定、规则、规范、工艺要求、管理制度等形式体现，并要求员工严格执行。

② 安全生产管理的目标。安全生产管理的目标是指减少和控制危害、减少和控制事故，尽量避免生产过程中由于事故造成的人身伤害、财产损失、环境污染以及其他损失。安全生产管理包括安全生产的法制管理、行政管理、监督检查、工艺技术管理、设备设施管理作业环境和条件管理等，要加强日常检查，及时纠正错误。

4. 安全管理的主要内容

城市轨道交通系统安全性包括涉及安全方面的工作，一般也称为安全工程或安全性工程，主要内容有安全生产、安全管理、安全技术、安全保障体系、劳动保护、事故应急救援及事故调查处理等牵涉系统安全的各个方面。

安全生产管理的基本对象是企业的员工，涉及企业中的所有人员、设备设施、物料、环境、财务、信息等各个方面。安全生产管理的范围包括安全生产管理机构和管理人员、安全生产责任制、安全生产管理规章制度、安全生产策划、安全生产培训教育、安全生产资料档案等。

（1）安全评价

安全评价是检验企业安全管理的重要指标。2007 年，国家安全生产监督管理总局批准颁发了《安全评价通则》（AQ 8001—2007）、《安全预评价导则》（AQ 8002—2007）、《安全验收评价导则》

（AQ 8003—2007）。根据上述标准，安全评价也称危险度评价或风险评价，是指以实现系统安全为目的，应用安全系统工程原理和方法，辨识与分析对系统在生产经营活动中存在的危险、有害因素，预测发生事故或造成职业危害的可能性及其严重程度，提出科学、合理、可行的安全对策措施建议，做出评价结论的活动。安全评价可针对一个特定对象，也可针对一定的区域范围。

安全评价按照实施阶段可分为三类：安全预评价、安全验收评价、安全现状评价。

（2）安全管理的主要措施

城市轨道交通安全管理的主要措施有建立各类安全工作规章制度和操作规程、开展安全工作的宣传教育和职业技能培训、落实各类设施设备的维护保养、加强现场安全检查、及时整改各类不安全的隐患、签订各类安全工作责任书或协议、落实安全生产责任制、明确权利和义务等措施。

在安全管理防范方面有安全技术防范（简称"技防"）和人员值班防范（简称"人防"）两类。前者主要依靠先进的技术设备进行防范监控，后者主要依靠人员进行安全监控管理。

为确保"技防"的安全、可靠，必须经常对防范设备进行预防性测试、遥控遥测、录音录像和数据记录等工作，平时要加强对设备的维修、保养。

城市轨道交通车站要加强对现场的安全管理，主要措施有加强车站的现场安全检查、及时整改车站的各类安全隐患、开展安全工作的宣传教育和职业技能培训等。

二、轨道交通事故

世界各国的城市轨道交通在运营过程中都曾发生过各类事故。据统计，仅日本 1962—1971年 10 年间，地铁灾害及严重事故累计达 43 件。1993 年 4 月，新加坡地铁发生一起列车追尾相撞事故，造成 100 多人受伤。同年 10 月，美国曼哈顿地铁列车发生火灾，数百人被困于车内。

由于城市轨道交通列车多是运行于隧道之中或者高架线路之上，因此发生事故后的处理和救援工作十分不便。可见，加强城市轨道交通的安全管理和防灾工作具有非常重要的意义。研究如何提高救援工作的及时性，尽量减少人员伤亡或减轻事故损失，并制订一套相应的行车事故处理规则、救援办法以及事故后的调查分析制度等都是不可缺少的环节。

1. 事故的定义

《现代汉语词典》中"事故"解释为：多指生产、工作上发生的意外损失或灾祸。

《辞海》对事故的定义为："意外的变故或灾祸"。其要点有二：非期望出现的事件；有造成生命、财产损失的事实。

事故可以更加全面地定义为：一项主观上不愿意出现，导致人员伤亡、健康损失、环境及商业机会损失的事件。

生产安全事故是指在生产经营领域中发生的意外的突发事件，通常会造成人员伤亡或财产损失，使正常的生产生活活动中断，又可称为安全事故。

《生产安全事故报告和调查处理条例》将"生产安全事故"定义为：生产经营活动中发生人身伤亡或直接经济损失的事件。

城市轨道交通事故是指在运营或在生产过程中，因违反规章制度，违反劳动纪律，违反作业操作规程，或因技术设备原因或其他原因引起的人员伤亡、设备损坏、经济损失、影响正常生产作业或危及运营安全的事件。

2. 事故的分类

（1）按事故责任分类

① 责任事故。因人们违背自然规律或客观规律，违反法律、法规、规章和标准等造成的事故。

② 非责任事故。遭遇不可抗拒的自然因素或目前科学无法预测的原因造成的事故。

（2）按事故后果分类

① 伤亡事故。造成人身伤害的事故。

② 非伤亡事故。只造成生产中断、设备损坏或财产损失的事故。

（3）按地铁企业内部事故分类

① 行车事故。在行车过程中造成人员伤亡、设备损坏，影响达到一定时间或危及行车安全的事故。

② 设备事故。因违章操作、维修保养、技术、设备性能原因而造成设备损坏、影响正常运营或危及生产安全的事故。

③ 工伤事故。从业人员在生产或运营过程中发生人身伤亡的事故。

④ 火灾事故。在生产或运营过程中因发生燃烧、爆炸等造成人员伤亡、经济损失或影响正常运营等后果的事件。

⑤ 客伤事故。在城市轨道交通运营中或城市轨道交通运营区域内发生的城市轨道交通运营单位外的人员（一般是指乘客）伤亡事故。

⑥ 自然灾害。地震、海啸、洪水、暴风雪等。

（4）按行车事故等级分类

① 重大事故。

② 大事故。

③ 险性事故。

④ 一般事故。

（5）按生产事故分类

① 特别重大事故。造成 30 人以上死亡，或者 100 人以上重伤（包括急性工业中毒，下同），或者 1 亿元以上直接经济损失的事故。

② 重大事故。造成 10 人以上 30 人以下死亡，或者 50 人以上 100 人以下重伤，或者 5 000 万元以上 1 亿元以下直接经济损失的事故。

③ 较大事故。造成 3 人以上 10 人以下死亡，或者 10 人以上 50 人以下重伤，或者 1 000 万元以上 5 000 万元以下直接经济损失的事故。

④ 一般事故。造成 3 人以下死亡，或者 10 人以下重伤，或者 1 000 万元以下直接经济损失的事故。

3. 事故的调查分析

地铁运营安全不仅涉及人、车辆、轨道等系统因素，还受到社会环境和列车运行相关设备（信号系统、供电系统）等因素的影响。近年来国内外地铁事故统计的分析表明：人、车辆、轨道、供电、信号及社会灾害等是地铁事故的主要因素。

（1）人员因素

从 2002 年和 2003 年对上海地铁 1 号线、2 号线发生事故的分类统计表明：一般性事故主要是因乘客未遵守安全乘车规则，而险性事故多是由于工作人员的疏忽引发的。人员因素是导致地铁事故的主要原因，其中包括以下几方面。

① 拥挤。例如，2001 年 12 月 4 日晚，北京地铁 1 号线一名女子在站台上候车，当车驶入站台时，被拥挤人流挤下站台，当场被列车压死。

② 不慎落入和故意跳入轨道。长期以来，因人员跳入地铁轨道造成地铁列车延误的事件屡次发生，短则一两分钟，长则三五分钟。而地铁列车一旦受到影响，就不能正点行驶，势必影响全局，就需要全线进行调整。这种情况不仅影响当事列车上的乘客，而且影响整条线路甚至其他轨道交通线路上的乘客。

③ 工作人员处理措施不得当。例如，韩国大邱市地铁 2003 年那场大火中，地铁司机和综合调度室有关人员对灾难的发生就有着不可推卸的责任。前方车站已经发生火灾后，1080 号列车依然驶入烟雾弥漫的站台，在车站已经断电、列车不能行驶的情况下，司机没有采取任何果断措施疏散乘客，却车门紧闭，而且仍请示调度人员该如何处理。更不可思议的是，在事故发生 5 min 后，调度人员居然还下达"允许 1080 号车出发"的指令。

（2）车辆因素

① 导致地铁列车事故的主要因素是列车出轨。例如，在 2003 年 1 月 25 日，一列挂有 8 节车厢的中央线地铁列车在行经伦敦市中心一地铁站时出轨并撞在隧道墙上，最后 3 节车厢撞在站台上，32 名乘客受轻伤。同年 9 月，一列慢速行驶的地铁列车在国王十字地铁站出轨，导致地铁停运数小时。又如，在 2000 年 3 月发生的日比谷线地铁列车出轨意外，造成了 3 死 44 伤的惨剧。再如，美国 2000 年 6 月发生一起地铁列车意外出轨，当时有 89 位乘客受伤。

② 还有其他车辆因素。例如，2003 年 3 月 20 日，上海地铁 3 号线闸门自动解锁拖钩故障，停运 1 个多小时。又如，2002 年 4 月 4 日，上海地铁 2 号线因机械故障车门无法开启，停运半小时。

（3）轨道因素

2001 年 5 月 22 日，某地铁淡水线士林站附近轨道发现裂缝，地铁被迫减速，并改为手动驾驶，10 万乘客上班受阻。

（4）供电因素

例如，2003 年 7 月 15 日，上海地铁 1 号线莲花路到莘庄的列车突然停电，被迫停运 62 min。经查明原因是地铁牵引变电站直流开关跳闸，列车蓄电池亏电过量，才致使列车无法正常启动。又如，2003 年 8 月 28 日，英国首都伦敦和英格兰东南部部分地区突然发生重大停电事故，伦敦近 2/3 的地铁列车停运，大约 25 万人被困在伦敦地铁中。

（5）信号系统因素

2003 年 3 月 17 日，上海地铁 1 号线信号控制系统突然发生故障，停运 8 min。2003 年 2 月 14 日，上海地铁 2 号线中央控制室自动信号系统发生故障，停运 20 min。

（6）社会灾害

地铁车站及地铁列车是人流密集的公众聚集场所，一旦发生爆炸、毒气、火灾等突发事件，会造成群死群伤或重大损失，严重影响社会秩序的稳定。近年来，地铁接连不断地发生爆炸、毒气、火灾等社会灾害。例如，1995 年 3 月 20 日，日本东京地铁曾经被施放沙林毒气，夺走了 10 多条人命，造成 5 000 多人受伤，引起全世界震惊。又如，2003 年 2 月 18 日，韩国大邱市地铁发生的纵火事件造成至少 196 人死亡，147 人受伤，318 人失踪。再如，2004 年 2 月 6 日，莫斯科地铁的爆炸及大火夺去了 40 人的生命，令上百人受伤。

4. 事故的处理

城市轨道交通的事故救援组织工作应把地铁或轻轨视为一个开放系统，实行救援工作社会化。事故发生后，公司调度所的事故紧急通报名单中，除本公司有关领导及救援组织外，还应包括事故所在地的市政领导、公安局、消防总队、有关医疗机构，必要时还应包括电力、煤气、自来水公司等。各方面人员接到事故通报后，都应及时出动，分别进行伤亡人员救护，火灾扑灭，车辆起复，线路信号整修，乘客疏散，事故现场保护，水、电、煤气防护等工作，形成一个救援工作的立体作战体系。如果只依赖公司内部力量，那么在救援上需要花费较长时间，在人力、物力上也受到限制，从而会扩大事故的损失。

三、安全对策

主要从以下方面着手加强城市轨道交通运输的安全生产。

1. 健全安全法制

（1）制定有关运输安全的法规、法令，做到有法可依。

（2）要做到执法必严，违法必究。

（3）提高城市的文明程度和居民的法制观念。

2. 健全安全管理制度，提高科学管理水平

为确保运输安全，不仅要不断探索和完善安全管理制度，还要不断提高科学管理水平，积极研究先进的管理方法、手段，采用系统工程的方法，分析、评价并控制系统中的事故，调整设备、操作、生产周期和费用等因素，使系统发生事故的概率降到最低，达到最佳安全状态。

3. 提高关键设备的可靠性和先进性，为行车安全提供保障

对于城市轨道交通而言，脱轨事故可能是车辆断轴或轨道状况不良所致，弓网事故既可能因接触网参数失调，也可能因受电弓参数不匹配甚至因轨道不良引起。因此，设备方面的安全保障是无处不在的，一要尽量避免各类故障的发生，二要一旦发生故障就能引起监控系统的反应，以便及时采取措施使之不至于发展为危及安全的事故。具体原则有以下几个。

（1）采用设备优先原则，尽量减少对操作人员注意力的依赖。

（2）遵循简单的系统构成原则，以反复验证过的技术为主体构成系统。

（3）加强维修养护工作，特别是保证预留了充分的维护保养时间。

（4）汲取国内外同类事故的经验教训，对事故多发部位采取重点保护措施。

（5）无论发生何种故障，首先应停车或进行速度限制。

（6）设备冗余原则，即重要设备采用二重或三重体制，以便在单台设备故障的情况下保证系统总体的正常运行。

（7）及早发现故障，迅速传递信息并采取有效措施。

4. 加强安全运行的组织管理，不断提高行车组织工作水平

城市轨道交通的调度指挥系统大都以现代化的硬件设备为支撑条件，为行车调度员提供最佳工作环境，可以最大限度地减少调度员机械、重复性的工作。同时，还以优化调度指挥为目标，为调度员提供调度决策方案，全面提高调度指挥质量和调度指挥水平，保证稳定的列车运行秩序和正常运行状态。

（1）加强列车速度控制

列车速度保持在指定速度以内（避免冒进信号）或按规定对进站列车进行速度控制。在列车

通过小半径曲线或进站通过道岔，以及进行工务维修或线路状况不佳需缓行时，也应规定相应的限速值。在轨道上出现障碍物、发生自然灾害以及设备发生故障时，首要的安全措施也是对列车进行限速缓行或指令停车。

（2）严格执行接、发列车的标准化作业和程序

城市整个轨道交通网或某一线路上沿线各站应实行统一的接发列车作业标准，这对提高运输质量、保证行车安全具有重要意义。

（3）合理的运行图是安全运行的基础

运行图的铺画必须符合《技术管理规程》和《行车组织规则》的有关规定，特别是必须严格遵守有关时间间隔标准和行车作业程序。

此外，为确保列车的运行安全，除保证设备的安全外，提高使用和操作这些系统的工作人员的素质和责任心也同样十分重要。因此，必须加强对工作人员安全责任心的教育和培养、操作技能的培训，逐步建立一套完整的安全规章和人员培训制度，形成强有力的安全保障体系。

5. 系统防灾

由于城市轨道交通系统的基础设施，如高架桥梁、浅埋地下隧道、地面轨道以及其他设施不可避免地受到自然环境的影响，如地震、洪水、飓风等会对这些基础设施构成严重威胁，因此城市轨道交通系统的防灾工作也是十分重要的，应本着预防为主的原则，从细微处着手，常抓不懈。

四、应急预案

应急预案是针对具体设备、设施、场所和环境，在安全评价的基础上，为降低事故造成的人身、财产与环境损失，就事故发生后的应急救援机构和人员，应急救援的设备、设施、条件和环境，行动的步骤和纲领，控制事故发展的方法和程序等，预先做出的科学且有效的计划和安排。

应急预案分为企业预案和政府预案，前者由企业根据自身情况制订和负责，后者由政府组织制订和由相应级别的政府负责。

应急预案在面对突发事件，如自然灾害、重特大事故、环境公害及人为破坏时，可以有效进行应急管理、指挥、救援计划等。它一般应建立在综合防灾规划之上。应急预案有几个重要子系统：完善的应急组织管理指挥系统，强有力的应急工程救援保障体系，综合协调、应对自如的相互支持系统，充分备灾的保障供应体系，体现综合救援的应急队伍等。

1. 城市轨道交通应急预案

（1）突发公共事件的分类

根据突发公共事件的发生过程、性质和机理，突发公共事件主要分为以下四类。

① 自然灾害。主要包括水旱灾害、气象灾害、地震灾害、地质灾害、海洋灾害、生物灾害和森林草原火灾等。

② 事故灾难。主要包括工矿商贸等企业的各类安全事故、交通运输事故、公共设施和设备事故、环境污染和生态破坏事件等。

③ 公共卫生事件。主要包括传染病疫情、群体性不明原因疾病、食品安全和职业危害、动物疫情，以及其他严重影响公众健康和生命安全的事件。

④ 社会安全事件。主要包括恐怖袭击事件、经济安全事件和涉外突发事件等。

各类突发公共事件按照其性质、严重程度、可控性和影响范围等因素，一般分为四级：Ⅰ级（特

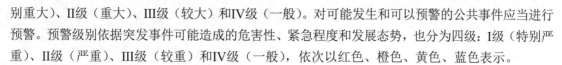

别重大）、II级（重大）、III级（较大）和IV级（一般）。对可能发生和可以预警的公共事件应当进行预警。预警级别依据突发事件可能造成的危害性、紧急程度和发展态势，也分为四级：I级（特别严重）、II级（严重）、III级（较重）和IV级（一般），依次以红色、橙色、黄色、蓝色表示。

（2）编制预案的目的

编制预案的目的是做好城市轨道交通事故灾难的防范与处置工作，保证及时、有序、高效、妥善地处置城市轨道交通事故灾难，最大限度地减少人员伤亡和财产损失，维护社会稳定，支持和保障经济发展。

（3）应急管理的规定

城市轨道交通运营单位应当根据实际运营情况制订地震、火灾、浸水、停电、反恐、防爆等分专题的应急预案，建立应急救援组织，配备救援器材设备，并定期组织演练。

① 当发生地震、火灾或者其他突发事件时，城市轨道交通运营单位和工作人员应当立即报警和疏散人员，并采取相应的紧急救援措施。

② 城市轨道交通车辆地面行驶中遇到沙尘、冰雹、雨、雪、雾、结冰等影响运营安全时，城市轨道交通运营单位应当启动应急预案，并按照操作规程进行安全处置。

③ 遇有城市轨道交通客流量急增危及安全运营的紧急情况，城市轨道交通运营单位应当采取限制客流量的临时措施，确保运营安全。

④ 遇有自然灾害、恶劣气象条件或者突发事件等严重影响城市轨道交通安全的情形，并且无法采取措施保证安全运营时，运营单位可以停止线路或者部分路段运营，但是应当提前向社会公告，并报告城市人民政府城市轨道交通主管部门。

⑤ 城市轨道交通运营中发生安全事故时，城市人民政府城市轨道交通主管部门、城市轨道交通运营单位应当依据应急预案进行处理。

⑥ 城市轨道交通运营中发生人员伤亡事故时，应当按照"先抢救受伤者，及时排除故障，恢复正常运行，后处理事故"的原则进行处理，并按照国家有关规定及时向有关部门报告。城市人民政府城市轨道交通主管部门、城市轨道交通运营单位应当配合公安部门及时对现场进行勘察、检验，依法进行现场处理。

（4）应急情况报告

事故的报警是非常重要的，早期预警可以使事故救援工作开始于事故初发期，可以及时控制事故，防止事故蔓延和扩大。

应急情况报告的基本原则是快捷、准确、直报、续报。

① 快捷。最先接到事故灾难信息的单位应在第一时间报告。事故现场应立即上报，事故发生单位须在1 h内上报，政府及其他管理部门须在2 h内上报，重、特大事故应在4 h内上报国务院。

② 准确。报告内容要真实，不得瞒报、虚报、漏报。

③ 直报。发生特别重大事故灾难时，要直报领导小组办公室，同时报省、市地铁事故灾难应急机构。紧急情况下，可越级上报国务院，并及时通报有关部门。

④ 续报。在事故灾难发生一段时间内，要连续上报事故灾难应急处置的进展情况及有关内容。

特别重大事故灾难快报及续报应当包括以下内容。

① 事件单位的名称、负责人、联系电话及地址。

② 事件发生的时间、地点。

③ 事件造成的危害程度、影响范围、伤亡人数、直接经济损失。

④ 事件的简要经过。

⑤ 其他需上报的有关事项。

2. 应急预案处置

城市轨道交通应急预案是针对城市轨道交通突发事件事前制订的应急管理、指挥、救援计划等方案。当突发事件出现时，信息的及时传递对于及时启动预案、减少事故损失、及早恢复正常运营是十分重要的，因此必须制定信息传递制度。

（1）信息传递原则

信息传递应遵循"快速准确、有序高效、对口汇报"的原则。现场处置应遵循"职责明确、快速到位、控制有效"的原则。

（2）信息分类和传递

① 信息分类。城市轨道交通突发事故或事件的信息按事件的性质和严重程度可分为A、B、C共三类。其中，A类事件最为严重。事件的严重程度按A、B、C次序递降。

② 信息传递。信息传递坚持"电话汇报为主、短信群发为辅"的报告原则。

③ 应急报告程序。对任何事故、事件的整体应急报告程序与预案实施的报告程序基本相同，即发现事故或征兆需要进入应急报告程序时，一般都应按下列规定程序进行：报警、发出救援指令、开始救援行动、现场处置、结束紧急状态。

（3）报告（警）内容及要求

事故报警是非常重要的，早期报警可以使事故救援工作开始于事故初发期，及时阻止事故的蔓延和扩大。在事故救援中，任何贻误时机的行为都可能带来灾难性的后果。

报警分为两种形式：自动报警和人工报警。在安装自动报警系统的场所，当发生事故时，自动报警系统会发出报警；否则，只能依靠人工报警。

（4）应急预案启动程序

① 启动预案。城市轨道交通事故发生后，指挥中心迅速了解掌握事故发生的时间、地点、人数、起因等情况，进一步判明性质，在报告轨道交通公安部门的同时，迅速启动有关预案。公安部门应及时调动交巡警、特巡警、消防、宣传、通信及事发地公安派出所等警种和部门快速赶往现场，开展先期处置，必要时通知110联动单位到场开展应急救援。各部门迅速启动各自的预案开展工作。

② 封锁现场。在现场情况进一步判明的基础上，指挥中心通过指挥调度系统，继续调集相应处置力量赴指定位置集结待命。前期到达现场参与处置力量根据指挥部分工进行处置工作。

③ 疏散人群。案发地公安派出所和刑警、特巡警、交巡警到达现场后，视情况采取相应措施。有人员伤亡的，组织进行抢救；发生危险化学品车辆倾覆、外溢事故的，及时疏导和组织受到威胁的群众安全撤离，并及时将情况报告总指挥部。

④ 抢救伤员。根据现场情况，组织到达现场警力和110联动单位紧张有序地营救被困、遇险的人员。同时，协调卫生、急救部门在现场附近设立紧急救护站和救护车集结处，迅速确立若干家医院为抢救点，保证抢救渠道畅通。交巡警部门负责全面保障抢救车辆、人员出入现场的交通顺畅，开设紧急救助通道。交巡警大队与医院方面配合，尽快查明伤亡者身份。

⑤ 勘查现场。交巡警部门组织力量对现场进行全面、细致的勘验检查，对现场进行勘查、拍照和录像，提取和固定痕迹物证，扣押肇事者或有关证件，暂扣肇事车辆，寻找目击证人，查明

事故原因。

⑥ 恢复秩序。在抢救伤员、排除险情、勘查现场等各项工作结束后，立即安排施救单位迅速撤除现场，清扫道路。待施救单位撤除现场后，再撤除警戒区域。撤除时，必须从事故车辆处由远到近、由内到外依次撤除安全设施。尽最大努力，尽快恢复交通，各项处置工作结束后，各参战单位及时总结处置工作情况，并由轨道公安分局办公室负责汇总，上报区委、区政府和市公安局。

（5）应急保障

城市轨道交通应急保障主要包括以下六个方面：信息网络通畅、救援物资齐备、人员调动迅速、指令及时传输、培训训练到位、法律法规保障。从这六个方面着手，确保在发生紧急情况时能迅速控制险情、减少损失，尽快恢复城市轨道交通的运营正常。

① 信息网络通畅。建立高质量、技术先进、实用稳定而又封闭独立的网络化应急通信系统，配备必要的应急备用设施和技术力量，确保信息报送渠道的安全畅通。

② 救援物资齐备。加强对车辆、警戒、防毒及防爆、灭火、打捞、起吊等设备、器材的保管和维护，满足处理事故时的需要。保障应急处置期间的交通运输，以及"伤员抢救绿色通道"的畅通。

③ 人员调动迅速。交警、巡警、特警、治安大队及属地派出所按照事故规模要求，随时保持一定的处置应急力量，或随时能集结一定力量投入处置工作。应急力量应包括医疗卫生、市政部门有关人员和相关专家等，当然也包括轨道交通运营管理部门的专业技术人员。

④ 指令及时传输。通信部门应保证现场指挥部和参与处置单位的通信联系畅通，保障处置现场的指令、信息汇报的传输畅通，确保指挥部门与现场的通信联络。

⑤ 培训训练到位。积极组织开展应对事故现场指挥人员及队伍的指挥和技能培训，定期进行应急模拟综合演练，提高合成作战和快速有效反应能力。

⑥ 法律法规保障。城市轨道交通事故的处置工作应根据相关法律进行事件的善后处理，法制部门也应及时、主动地提供相关的服务和支持。

项目拓展

紧急情况下应如何操作环境与设备监控系统

1. 站台火灾

当车站站台着火时，由站台排烟，站厅送风，使站台的楼梯口处形成一股由站厅流向站台的气流。

当站台层发生火灾时，站台回排风系统进入排烟状态，站厅排风和站台送风停止，排热风机辅助排烟，屏蔽门端部侧门打开，开启事故风机辅助排烟，站厅机械补风；同时，楼梯口两侧的挡烟垂帘下垂至地面，正面挡烟垂帘下垂至距地面 2.2 m 处，使得经由楼梯口处的向下空气流速不小于 1.5 m/s，便于乘客安全疏散至站厅层。

2. 站厅火灾

当站厅着火时，由站厅排烟，站台送风，使站台处保持一定的正压。新鲜空气由站厅的出入口进入站厅，乘客迎着新鲜空气的流进方向，由出入口向地面撤离。

3. 站台轨行区列车火灾

当站台轨行区列车发生火灾时，需开启轨行区排热系统对轨行区排烟，并开启隧道风机辅助排烟，打开火灾侧屏蔽门，开启公共区回排风机对站台排烟。同时，站厅机械补风，楼梯口处的挡烟垂帘下垂，使得经由楼梯口处的向下空气流速不小于 1.5 m/s，便于乘客安全疏散至站厅层。当站台轨行区发生火灾时，若烟气蔓延至站厅，则打开站厅回排风管上的电动风阀，同时对站厅进行排烟。

4. 设备管理用房火灾

当有排烟要求的设备管理用房和内走道发生火灾时，关闭无关通风空调系统，开启排烟风机，从公共区自然补风；当有气体灭火要求的设备管理用房发生火灾时，房间进排风关闭，待灭火后开启排风系统，排出废气。

5. 出入口通道火灾

当出入口通道发生火灾时，打开排烟风机排烟，地面出入口自然补风。

世界主要地铁事故

2012 年 11 月 22 日，韩国釜山一列地铁列车发生故障，之后赶来分流乘客的列车因速度过快而撞上前车，导致追尾事故，造成 100 余人受伤。

2009 年 6 月 22 日，美国华盛顿两组地铁列车相撞，造成至少 9 人死亡，70 多人受伤。事故原因疑为计算机系统故障。

2009 年 5 月 8 日，美国波士顿发生地铁列车追尾事故，造成 49 人受伤。列车司机向警方承认，追尾发生时，自己在向女友发送手机短信。

2008 年 9 月 12 日，美国洛杉矶地铁与货车迎头相撞，造成 25 人死亡。

2006 年 8 月 16 日，美国纽约地铁突然着火，约 4 000 名乘客紧急疏散，造成 15 人受伤。

2006 年 7 月 11 日，美国芝加哥一列地铁列车发生出轨事故，100 多名乘客因呼吸系统受伤被送进医院。

2003 年 1 月 25 日，英国伦敦市中心发生地铁列车撞击月台而引发大面积的轨道失火事故，造成 32 名乘客受伤。

世界主要地铁袭击

2010 年 3 月 29 日，在俄罗斯莫斯科市中心的卢比扬卡地铁站和文化公园地铁站接连制造自杀性爆炸事件，造成 40 人死亡，近百人受伤。

2004 年 8 月 31 日，俄罗斯莫斯科一个地铁站发生自杀性爆炸袭击，造成 10 人死亡，50 多人受伤。

2004 年 2 月 6 日，俄罗斯莫斯科一组地铁列车在行驶途中发生爆炸，造成 50 人死亡，100 多人受伤。

2003 年 2 月 18 日，韩国大邱市地铁发生人为纵火事件，造成 198 人死亡，147 人受伤。司机和综合调度室人员在火灾发生时应对不当，安全疏散导向灯和路标未起到应有作用。电源被切断后，许多乘客在逃难中窒息身亡。

项目操作

1. 调研你所熟悉的城市轨道交通，注意发现其在运营管理方面存在的安全隐患，提出相应的解决对策，并撰写一篇调研报告。

2. 针对你熟悉的城市轨道交通编制应急预案，然后与该城市轨道交通的实际应急预案进行比较，找出存在的问题。

项目考核

1. 城市轨道交通环境控制系统的作用。
2. 火灾自动报警系统组成。
3. 城市轨道交通安全的主要内容。

[1] 鹿国庆. 城市轨道交通概论[M]. 北京：中央广播电视大学出版社，2010.

[2] 王军峰. 城市轨道交通概论[M]. 东营：中国石油大学出版社，2015.

[3] 于存涛，李良玉. 城市轨道交通概论[M]. 北京：北京交通大学出版社，2015.

[4] 慕威. 城市轨道交通导论[M]. 北京：人民交通出版社，2012.

[5] 阎国强，仇海兵. 城市轨道交通概论[M]. 北京：人民交通出版社，2010.

[6] 齐伟，丁尚. 城市轨道交通车站设备[M]. 上海：上海交通大学出版，2017.

[7] 毛保华，姜帆，刘迁. 城市轨道交通[M]. 北京：科学出版社，2014.

[8] 陈海峰，彭涌涛. 轨道交通概论[M]. 北京：人民交通出版社，2014.

[9] 蒋阳升. 城市轨道交通概论[M]. 北京：人民交通出版社，2014.

[10] 谭复兴，高伟君. 城市轨道交通系统概论[M]. 北京：中国水利水电出版社，2007.

[11] 王铸. 城市轨道交通信号技术[M]. 东营：中国石油大学出版社，2014.

[12] 朱济龙，芦建明，陈超. 城市轨道交通信号基础[M]. 成都：西南交通大学出版社，2015.

[13] 颜月霞. 城市轨道交通行车组织基础[M]. 北京：人民交通出版社，2014.

[14] 牛凯兰，牛红霞. 城市轨道交通行车组织[M]. 北京：机械工业出版社，2009.

[15] 马国龙. 城市轨道交通安全管理[M]. 北京：中央广播电视大学出版社，2010.

[16] 于存涛，潘前进. 城市轨道交通安全管理[M]. 北京：北京交通大学出版社，2015.

[17] 裴瑞江. 城市轨道交通客运组织[M]. 北京：机械工业出版社，2014.

[18] 张洪满，黄体允. 城市轨道交通站务管理[M]. 北京：化学工业出版社，2016.

[19] 刘莉娜. 城市轨道交通客运组织[M]. 2 版. 北京：人民交通出版社，2015.

[20] 赵矿英. 城市轨道交通概论[M]. 北京：电子工业出版社，2013.

[21] 闫国强，仇海兵. 城市轨道交通概论[M]. 北京：人民交通出版社，2012.

[22] 张洪满. 刘海云. 城市轨道交通基础[M]. 北京：国家开放大学出版社，2019.